汽车造型原型的认知与应用

李然 著

中国建筑工业出版社

图书在版编目（CIP）数据

类族辨物：汽车造型原型的认知与应用／李然著．—北京：中国建筑工业出版社，2019.12
ISBN 978-7-112-16820-0

Ⅰ.①类…　Ⅱ.①李…　Ⅲ.①汽车－造型设计　Ⅳ.①U462.2

中国版本图书馆CIP数据核字（2019）第269790号

责任编辑：王晓迪　郑淮兵
责任校对：王　烨

类族辨物：汽车造型原型的认知与应用
李然　著
*
中国建筑工业出版社出版、发行（北京海淀三里河路9号）
各地新华书店、建筑书店经销
北京锋尚制版有限公司制版
北京建筑工业印刷厂印刷
*
开本：889毫米×1194毫米　1/24　印张：9　字数：198千字
2020年7月第一版　2020年7月第一次印刷
定价：48.00元
ISBN 978-7-112-16820-0
（35051）

前言

产品的“形”既有表现在人们眼前的直观形状意义，还包含着极其丰富的内涵信息。本书以SUV车型为案例，通过产品造型研究，对人与产品的关系进行了一次较为深入的探讨。从类型、范畴与原型的视角来解析产品“形”的意义，创造性地提出汽车造型原型及其范畴，并就造型原型的拟合模型进行了构建与验证。

一直以来人们如何辨别、认识事物，并理解它们内在的形式规律、关系和原理，是造型研究的关键问题，也是重要的课题方向。本书带着对这个问题的思考，将基于原型的分类方式引入造型研究，通过分析与推演发展得到“造型原型”的概念。造型原型本质上是人们对一类产品造型的高度概括，反映了人们对产品类型的认知结果。理论论证和实践应用均表明造型原型及其范畴不仅能够对产品造型的认知现象做出合理解释，也能够成为一种造型设计的方法和工具，具有重要的理论和实践意义。

本书分为5章，撰写逻辑遵循从问题提出，到理论探索，再到理论模型构建，再做模型验证，最后进行设计实践的层层推进方式。第1章以设计研究为开端，以造型之“形”为对象，简述了设计研究及其研究下的产品造型认知；第2章从人的分类方式及类型划分特点出发，将类型认知、原型范畴、产品类型等概念引入造型认知，并就其在设计研究中的合理性与可能性做了说明；第3章以汽车造型为研究载体，详细描述了造型原型在造型认知中的存在与作用机制，为后面的实验设计与具体操作提供了指导依据；第4章描述了一套可用于获取汽车造型原型及其类型语义的方法和流程；第5章介绍了如何基于已有研究与数据，对SUV车型的拟合模型进行构建，并将其实际用于汽车造型的辅助设计方法中。其中，前三章主要进行文献、案例与现象分析等，以定性研究为主，旨在进行理论创新与模型构建；后两章主要采用实验测量、样本取值、统计分析等定量研究方法，用于验证模型和理论的正确性与准确性，并使研究成果具有实际应用价值。

此外，基于原型的汽车造型研究，不仅是一种理论创新，也是一项非常具有现实意义的造型设计研究。笔者认为，纵观汽车发展，一切真正具有创新意义的汽车造型设计其实就是汽车类型的创新。原型造型及其范畴在汽车造型研究中的应用，为汽车类型问题的理论研究与实践提供了合适的方法和工具，对现有汽车造型的研究是很好的补充和完善。

目录

第1章

设计研究下的造型认知

设计是人类典型的高级智力活动，具有独特的视觉推理和创新特征[1]。人类通过设计活动改造自然环境并构建了自己的家园，可以说设计是人类智慧的重要标志之一。与单纯的生存行为不同，设计是人类为了实现某种特定目的而进行的一项创造性活动[2]。设计是为物品、过程、服务以及它们在整个生命周期中构成的系统赋予多方面的品质，是人类技术创新、文化和经济变革的核心因素[3]。从广度上说，设计领域几乎涉及人类一切有目的的活动；从深度上看，设计领域里的任何活动，都离不开人的判断、直觉、思考、决策和创造性技能[4]。设计的对象也不是简单的“物”，而是文化意义上的“产品”，设计作为一种“自觉”的文化创造活动，充分体现和反映了人们的生活方式，所以，“生活”是工业设计的源泉[5]。从这个意义上讲，设计研究必然涉及自然科学、社会科学与人文学科三大领域。而设计研究下的造型，也不是单纯的形态艺术研究，而是整体、系统、具有科学性与社会价值的综合性研究。

1.1 “形”的概念

中国自古就有关于造型之“形”的论述。“形”是“器”与“道”的“界面”，所谓“形而上者谓之道，形而下者谓之器”（《周易·系辞传》）（图1-1）。可见，“器”是实体的、具象的；“道”是虚无的、抽象的；而“形”是认识的、经验的。所以，造型之“形”应该不是单指某个具体器物的具体形态，而是可以看作是对一类器物的认知概念，是具有“原型”意义的形。所谓“道生之，德畜之，物形之，势成之”（《道德经》），就是说自然运行的必然趋势成就了万物，而“器”正是“形”达成的结果，这是对中国传统哲学中造物之道的精辟归纳。道在器中、理寓物内，人们可以器喻道、借物明理，也可以制器证道、设物明理[6]。

现代产品的“形”——产品的造型，不单是产品外观的一种存在形式，还承载着产品内在的形式规律和原理，包含了极其丰富的内涵信息。这既源于产品造型所固有的形状意义，也是由人类认识事物的方式所决定的。正因如此，产品造型研究已经超越了对产品、设

图 1-1　良渚玉琮（左）和四羊方尊（右），是古代中国器物造型哲学“形而上者谓之道，形而下者谓之器”的典型代表

计本身的研究，可以上升到对人思维特点与规律的分析和把握。通过对产品“形”的思辨，有可能探索人与产品更深层次的关系。但必须注意的是，产品的造型毕竟只是一种外观表象，产品造型如何以及能够在多大程度上准确传递人们的思维特点和产品内在信息，则是一个关系人们认知的问题，也是一个关于知识获取和表征的问题。

1.2 造型的价值

产品造型是产品能否取得商业成功的关键[7]。现代社会，产品造型面临从产品导向模式（product-push type）向市场导向模式（market-pull model）的转变[8]。产品造型设计不仅关注产品的物理性，同时更关注产品的精神意义，并以此作为产品的主要设计依据[9]。如何赋予产品适当的造型，使消费者对产品产生兴趣，是市场导向的先决条件。实际上，设计师与用户在造型认知方面是存在差异的，设计师非常需要一种行之有效的沟通媒介，能够洞察并把握用户在产品精神层面的诉求，更能够保证自己与用户是在共有的造型认知基础和认知前提下进行造型设计，从而得到用户的肯定与喜爱（图1-2）。而要获取共有的造型认知基础和认知前提，就需要首先了解产品造型，并对其认知特点与所用策略有所认识。

事物外观作为视觉感知最主要的对象，无疑承担着揭开大脑信息加工机制，把握人类思考方式的重要作用。产品造型作为整个产品外观的直观表征，必然是人们认识产品最初也是最为重要的渠道。从这个角度来看，对产品造型的研究，不仅是一项对产品造型以及设计过程的领域性研究，同样也可以视为对人们认知、审美、决策问题的一般性研究。因此，对造型认知相关特征的理解，是深入研究产品造型的基础与前提。

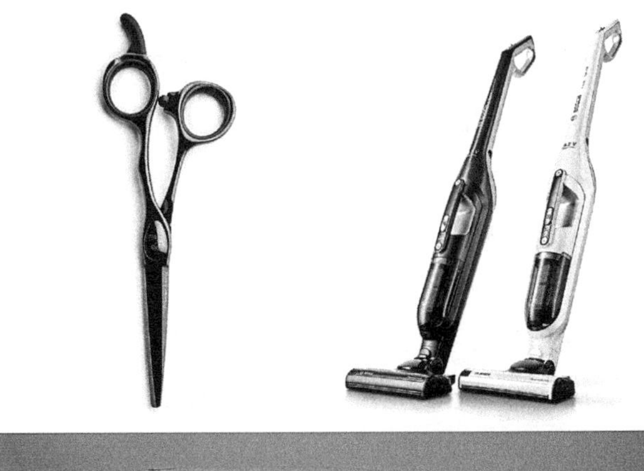

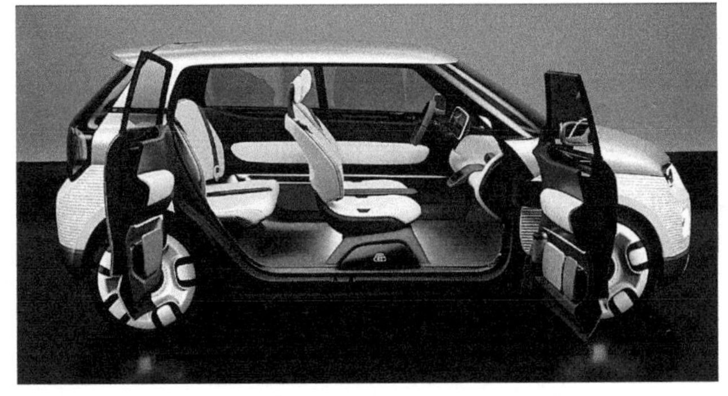

图1-2　在市场导向模式中，产品造型是设计师与用户的重要沟通渠道，在商业成功中扮演着重要的角色

1.3　产品造型认知及其特征

首先，产品造型作为一种视觉对象，既有客观性又有主观性。一方面，造型是物质的、客观的；另一方面，造型又是视知觉进行积极组织或构建的结果[10]。产品造型本身就是一种有效的信息载体，提供了大量的产品相关信息，这个过程又被视为信息的编码和解码过程（encoding & decoding）[11]。通过造型，人们能够了解产品目的、功能等信息，反之，人们也能够借助目的或功

能对造型做出相应的解释，即所谓的“功能解释”[12]。诺曼（Donald A. Norman）认为，人们需要的绝大多数信息都储存于外部世界。当储存在记忆中的信息与外界信息相结合，就决定了我们的行为[13]（图1-3）。在本书中，造型原型就被视为一种设计师和用户共同所有的认知基础，即设计师与用户都是通过造型原型完成对产品信息的编码解码，最终实现各类信息准确流畅地传递。

其次，产品造型与功能信息之间存在所谓信息不对称性，即科技进步，尤其是信息技术，减弱了产品造型与功能结构的直接关联性。面对信息的不对称，产品造型设计研究试图通过“信息增强”和“关联关系”提升造型信息传递效率。苹果公司的“手势交互技术”通过交互行为实现了操控的交互体验和信息增强；德国奥迪公司通过“大嘴”进气格栅设计表达了汽车强劲的动力；“所见即所得”技术使ZBrush一类3D建模软件完全改变了传统不对称的建模方式。同时，针对路易斯·沙利文（Louis H. Sullivan）提出的“形式服从功能（form

图 1-3 当人们见到产品造型后，会结合储存在记忆中的信息，对产品做出相应的理解和操作，这些均是建立在设计师和用户共同的“原型”或者可以获得的共同原型的基础上

follows function）”[14]，著名的德国青蛙设计公司（Frog Design）提出了“形式服从情感（form follows emotion）”[15]，认为消费者购买的不仅是产品，也通过让人赏心悦目的形式，购买包含其中的价值、经验和自我意识[16]。情感是人对客观事物是否符合自己需要的态度体验，设计里所含的情感成分可能比实用成分对产品的成功更加重要[17]。然而，无论是造型信息的不对称性还是人类的情感化需求，都是“原型”作用下的心理或行为反应，属于一个人的心理范畴问题。

再次，人的心理和行为反映了人在认知上的一种惯性，称为知识惯性（knowledge inertia）[18]，即主体不自觉地依赖于经验推理预测和解释相似性的现象。如果在设计中缺乏对用户知识惯性的考虑，则可能导致用户在操作中发生错误性的行为。尽管知识惯性是一种更加“经济”的认知方式，但由于可能忽略对现实真实情况的分析，而盲目将以往的经验运用于当前现实，也可能导致决策和实践上的失误[19]。因此，关注、尊重和准确认识用户的知识惯性，是造型准确而全面传达产品信息，并按预想触发相关情感的关键。所以知识惯性这一现象的存在、形成及其如何调用知识具有非常高的研究价值。从“原型”构成的过程来看，造型原型的构建依赖于对已有事物的造型获取，表现出某种造型感知的惯性。同时，造型原型与事物相关知识紧密关联，表现出对知识的启发性作用[20]。可以说，造型原型在一定程度上就是一种知识惯性，而它与事物造型知识的关系将是本书研究的一个方面。

此外，产品造型认知也可以被认为是一个对造型的认知过程。从流程的角度看待造型认知，大体可以将其分为宏观和微观两个研究层面[21]：宏观层面的研究是指产品造型设计的全流程，始于产品的商业机遇与用户需求，经概念设计、方案设计、详细设计、制造优化等，直至产品造型最终完成，涉及产品、功能、组织、活动、资源和约束等信息[22]；微观层面的研究是指设计师的具体设计创意过程，即设计师的设计行为过程，涉及信息获取、思维方式、认知策略等产品造型认知活动。本书中的造型认知研究基本属于微观层面的设计研究，暂不涉及管理、策划、流程等宏观层面的问题。

1.4　产品造型认知策略

从认知经济性（Cognitive economy）[23]的角度来看，认知是讲究“效益”的。基于对认知效益的追求，个体通常会通过获得一个“类别”的认知方式来尽可能节约有限的认知资源，或者说借助类别来归纳和处理多样的个体。事实上，产品造型认知确实是存在认知策略的，这样可以增强处理视觉信息的及时性和准确性，使视觉信息处理过程能够以半自动或自动化（semi/automatically）的方式发生。本书研究造型原型的目的之一，就是试图探知人们处理造型信息所用的认知策略及其如何作用，并探知其如何影响认知结果。

在学术界，认知和思维往往被视为一种“黑箱”结构[24]，而模拟或研究这个“黑箱”有两个基本思路：一是功能模拟，二是结构模拟（图1-4）[25]。前者是用模拟方法反映研究对象的功能特性及其规律，后者是直接对结构构成的模拟，更多时候前者被认为是人类解决黑箱问题的主要思路，简言之，对于问题解决而言，功能模拟相比单纯的结构模拟能取得预期的功能结果。英国建筑师米歇尔·摩萨斯安（Michel Mossessian）就将其设计过程比喻为打开“黑箱”的过程[26]。他认为通过设计步骤逐步展开，思维将逐渐变得清晰，设计理念最终

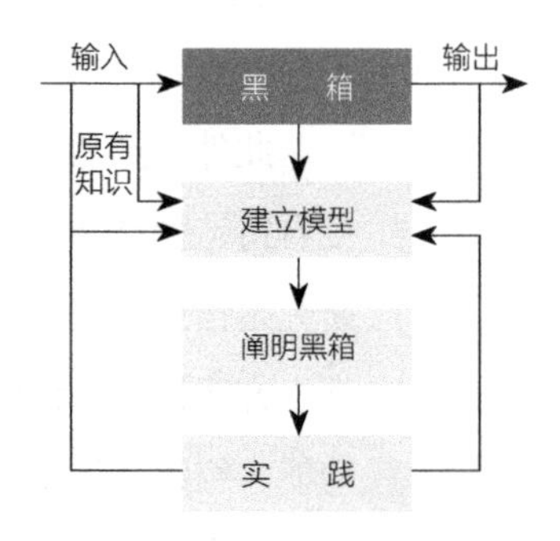

图 1-4　“黑箱”结构及研究思路

转变为精确的图纸。因此，通过对设计系统输入与输出的分析来推导“黑箱”的运作机制，使之逐步透明化，是研究产品造型问题的一种行之有效的方法。本书借助统计学的方法进行分析与推导，实现对“黑箱”的透明化，进而揭示产品造型各因素间关系、内在规律以及预测未来发展趋势。

产品造型过程是在一定条件下对目标的试探求解（试验），大量的不确定性决定了产品造型设计的创造性、复杂性、时变性和多解性，是一种随机现象[27]。感性信息的处理尤其依赖于个体固有的心理模式，相同的造型信息，其解释可能是不同的，即感性具有主观性和个体差异[28]。然而，尽管个体主观性导致信息解释差异，但事物的相似性决定了人们有着相似的认知机制，那么，按照统计学的观点，造型信息解释的差异在大体趋势上仍然可能趋近于某一范围甚至某一数值。假设造型信息解释差异属于一种随机现象，那么其趋近规律则表现出一种概率，而且这种概率是具有稳定性的[29]。单个随机现象不可避免地引起随机偏差，但在大量随机现象共同作用时，随机偏差互相抵消、补偿和拉平，致使人们总的造型信息解释差异平均结果趋于稳定[30]。反映概率稳定的极限理论有大数定律（Law of large numbers），它揭示了概率的本质特征——存在性和唯一性[31]，被视为是一种可信的必然性[32]。产品形态与产品意象的关系是否或多大程度遵循大数定律，是否能够采用概率统计的研究范式进行研究，并没有直接的最终定论。但值得注意的是，产品造型认知的相关研究、实验和预测几乎都是在默认人的认知规律是服从大数定律的这一前提下进行的，虽然大多数研究者通常并不会特别强调这一必然性，但这种必然性已经成为进行研究的一般性前提。

书中对造型原型的研究也是遵循这一必然性展开的。其中，有大量数据统计分析等定量分析内容，但本书依然坚持，尽管产品某些属性与特征可以被定量化、参数化，但在产品造型层面，人们还是更多地基于认知，对产品内在属性和外在表现进行主观描述和感性认识，传统精确的数学模型反倒难以建立甚至不可能被建立，因为对这种描述从根本上来说就是对模糊性现象的描述[33]。所以，在研究中可能遇到的模糊性现象，运用一种合理且具有可操作性的方式进行分析和归纳，成了理解和掌握造型内在规律的关键（图1-5）。

图 1-5 尽管杯子的产品造型各异，但由于人们有着相似的认知机制，对杯子总的造型信息解释在大体趋势上仍然是趋近的，这也是本书提出造型原型的现实依据

1.5 产品造型设计知识

产品设计知识的研究主要是指对知识的获取、表征、运用及系统（计算机系统）的研究。设计信息是多态、多义且具有不同抽象层次的概念，涉及不同领域[34]，包括体量、形面、图形、颜色、声音、气味、温度等表现形式。但只有通过组织的、解释现象的、揭示事物规律的设计信息才能称为设计知识。现代产品设计中，设计师们难以仅依靠经验来进行设计，必须根据新设计任务获取新知识。谢友柏院士认为，设计知识是一个动态的集合，新产品是新知识的物化[35]，即设计是基于新知识的设计[36]。从认知论的角度看，知识是人们在改造世界的实践中所获得的认识和经验的总和，然而知识研究有着不同侧面[37]。

正如图1-6所示，造型作为设计师与用户的中间媒介，两者间构成了一个完整的信息编码解码过程[38]，表现出一种设计知识与用户知识匹配的过程[39]。设计知识一般可以分为三类[40]：对象知识、实现知识、过程知识。对象知识是关于设计对象特征和属性的知识，实现知识是关于设计对象工程实现的知识，过程知识是关于设计程序操作性的知识。产品造型设计的对象知识主要指产品外观所包含着用户认知

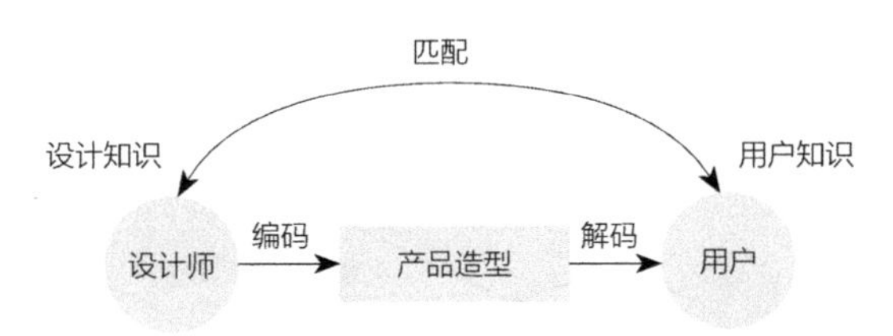

图 1-6　产品造型设计实质上可以被视为是信息的编码解码过程

加工的信息，其中，对象知识又由产品功能和用户认知信息两大类构成[41]；实现知识是指实现产品造型的一般方法、步骤和加工途径；过程知识是指设计活动的内隐性知识。尽管内隐性知识是主观的、定性的体验或过程[42]，是极具个人性和特殊环境性的[43]。但珀蒂奥（J. F. Petiot）等人认为，如何获取产品造型设计内隐性知识并将其外显化，将是现代产品造型取得成功的关键环节[44]。造型原型研究作为一项面向设计对象的研究，最主要的研究工作之一是挖掘造型所携带的设计信息，再将其重新组织，并以适当的形式描述，实现对产品造型设计知识的获取。

产品设计是一个动态的设计过程[45]，而设计知识则是一种非已知性知识（not-knowing）[46]。这种非已知性主要体现在，设计初始阶段设计师并不能获得所有关于设计任务的知识，而是通过不断地深入逐步获取。这是因为设计问题的解不会立刻就显示出来，要么是由于相关的“算子”没有被详细说明，要么是由于目标描述不够清楚[47]。多塞特（Kees Dorst）等人认为，创造性设计不是固定不变的问题，而是一个对概念的搜索过程。在这个过程中，设计通过在问题域（problem space）和解域（solution space）间得以不断迭代分析、综合和评价，得到发展和提炼[48]，大量的设计知识是通过两个域间的信息交换而获得的（图1-7）。此外，劳森（Bryan R. Lawson）的研究发现，设计师往往采用了与科学家、数学家等其他领域专家不同的设计问题求解思路：前者通过提出多个符合要求的解决方案，来找到一个假想的最佳方案；后者通过发现某种规则来探索所有可能的方案[49]。这说明，设计活动的一个核心属性是期待尽快

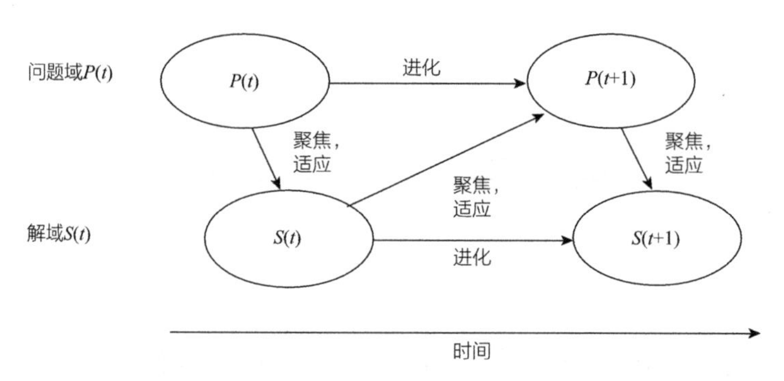

图 1-7 产品设计是一个动态的过程，即通过在问题域和解域间的不断迭代分析、综合和评价，才能实现向目标方向的推进

产生一个令人满意的解决方案[50]。在实际的产品造型设计中，设计师不可能穷举方案，更不会把造型完全规则化。只有当设计师大概确定一个方案之后，设计知识才能以某种形式呈现。因此，设计师通常会通过首先寻找一个主要突破点（primary generator）来定义设计问题，并在设计过程中通过不断迭代逐步使问题清晰化。研究证明，设计专家比设计新手储存和使用了更大的认知“组块”（chunk），也更加倾向于基于结果聚焦（solution-focused）的解决方案策略（solution conjectures）。因此，在产品设计过程中，生成推理比归纳推理的策略更多地被使用[51]。而本书提出的拟合模型，可以看作一种生成推理策略，即通过拟合模型尽快地生成一个初期的，同时又还令人满意的方案，以快速推进设计的进展（图1-8）。

造型原型其实也是一种认知“组块”，是获取设计知识的重要途径。在汽车领域，汽车设计知识包括汽车的本体知识、过程知识与品牌知识。但从某种意义上看，就设计而言，知识本身不是那么重要，重要的是如何辅助创新[52]。在汽车设计初始阶段，汽车领域知识对设计的贡献是有限的，这是因为对设计问题的描述是不确定的或不完整的，只有随着设计进程的推进才能不断地更改和完善。因此，汽车造型问题不可能按照一套清晰又完整的规则加以解决，必须不断根据信息收集、加工、转换的方式进行完善，逐渐找到解决

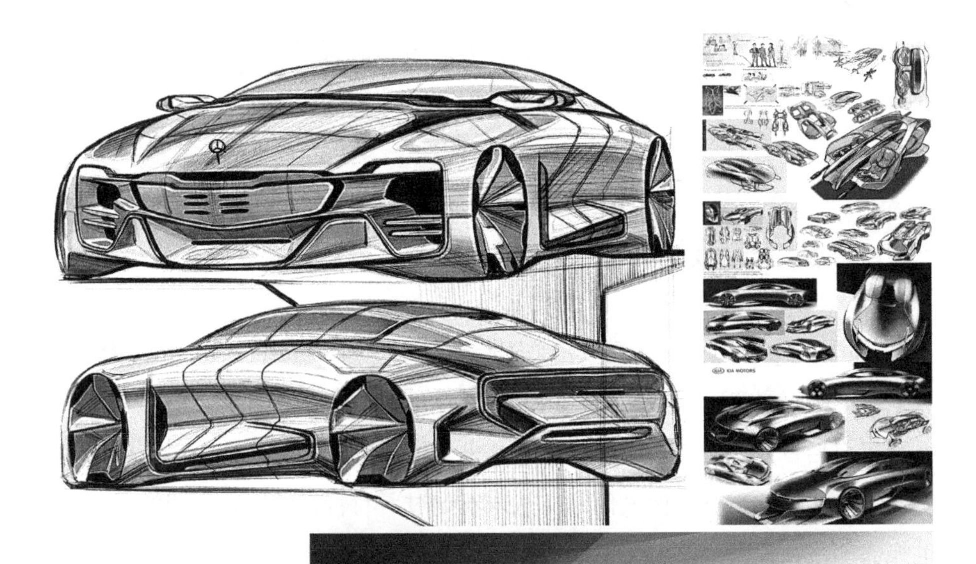

图1-8　知识本身显得倒不是那么重要，重要的是如何辅助创新。如何充分利用设计知识指导实践创新是本书研究的一个重点

的方法和路径。对汽车造型信息的收集、加工、转换，则需通过实验、调研、现象分析等方式进行实际操作。如果能够在设计项目中（尤其是前期）快速提出阶段性方案，将有利于推动设计概念向前发展。同时，由于阶段性方案受到知识或经验的影响和作用，从已有设计中获取知识并在方案设计中加以运用，将大大提高方案的可信及可靠程度。汽车造型原型作为一种对已有车型的概括性心理表征，是通过原型

匹配方式来激活汽车类型信息的。这种方式有利于获取、表达和应用已有设计知识，从而达到将知识重用到当前的设计活动中，用于解决新设计问题的目的。

1.6 分类与产品造型原型

"原型"（prototype）一词取自美国心理学家罗施（Eleanor Rosch）提出的原型理论。原型理论（Prototype theory）是20世纪70年代中期，罗施在经过一系列研究后首先提出的[53]。原型不是某个个体的复本，而是整合了事物形式或模式最典型的特征，使人们即使从未看到过所有特征整合在一起的示例，也能够加以认识[54]。在原型理论中，原型既可以指一个核心成员或范畴内的一组核心成员，即范畴成员中最为突出、最为清晰、最具代表性的成员[55]，也被视为一种理想化的心理表征。同时，有研究[56]认为，人记忆中存储的信息是以原型形式存在的。原型具有高度概括性，在认知过程中只要刺激与原型匹配近似即可被纳入原型所属的范畴，从而克服了个体间外形、大小间的差异性以及缺失性问题，提高了模式识别的灵活程度并减轻了记忆负担。基于这一认知原理的分类方式称为基于原型的分类方式，同基于规则的分类方式一起，是人们最为常用的两种分类方式，从不同角度为造型原型研究提供了理论基础。

目前，在两种分类方式中，以基于规则的分类方式对造型研究影响最为巨大。基于规则的方式是指，设计人员借助各种造型规则，实现对造型的认识和把握。赵丹华[57]等人按照特征的造型功能及其重要性，将汽车造型特征线（feature line）分为主特征、过渡特征和附加特征线。此外，梁峭发现汽车型面也存在类似主特征、过渡特征和附加特征的分类规律[58]，詹尼尼（F. Giannini）等人按照造型设计行为所处阶段将汽车造型特征线分为结构特征线与细节特征线[59]，兰索伯（C. Ranscombe）等人则按照分解程度将汽车造型

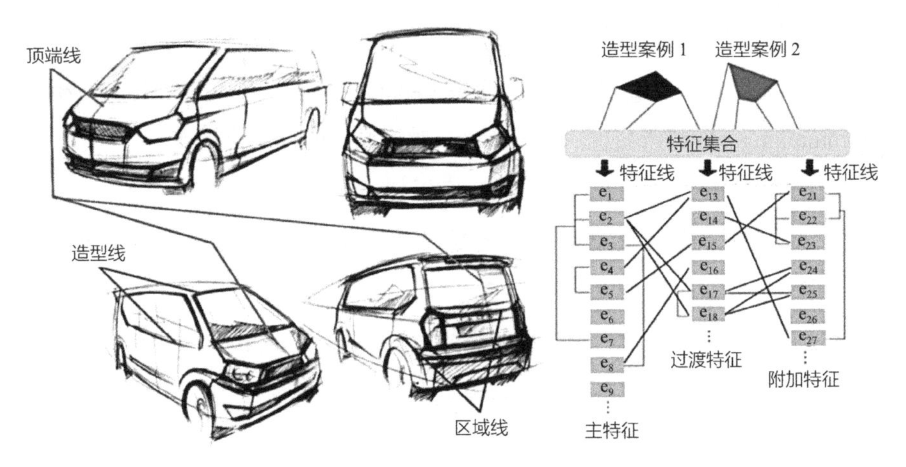

图 1-9 汽车特征线是人们理解、研究与设计汽车造型最有力的工具

线分为五类美学特征线（图1-9）[60]。同时，基于规则的专家系统也是现代人工智能中最为普遍的系统，这类专家系统中都有一个规则集（rule set），以此来构成系统的知识库[61]。

基于原型的分类方式既肯定了类型的客观存在，又正视了类型成员之间的差异性，并采取较为抽象的方式表征类别成员的属性，是对现有基于规则思想的研究补充[62]。基于原型的分类方式虽然在造型设计领域鲜有专门研究，但随着研究的发展，已经逐渐受到研究者的重视。格罗（J. S. Gero）从设计过程层面对设计原型进行定义，他认为设计原型是一种由设计案例推导的、为表征一类普遍性元素分组的概念性图式，包含了设计情境所需要的知识[63]。张庆林等人基于"原型启发"理论，认为所谓原型，是指能对目前的创造性思维起到启发作用的认知事件[64]，是对当前创造性问题解决起到启发作用的已有知识[65]。殷润元认为在产品设计中，同一系列产品，甚至不同系列、不同种类的产品都存在"原型"这一支配整个产品族的核心，原型是以最能显现造型特征的产品中萃取而成的代表性基模[66]。李然通过车型分析提出了汽车造型原型[67]。尹超在交互设计研究[68]中，朱毅在汽车类型造型分析[69]中，以及刘雁在三维服装款式智能设计研究[70]中都引入原型以及基于原型的分类思想。此外，关于案例推理（case based reasoning）[71]、类比迁移（analogical transfer）[72]、标杆分析法（benchmarking）[73]的研究也从不同侧面反映了原型的存在或特点。

以上两种分类方式及其表现出的研究思想，各有其优势和适用范围。基于原型的分类方式能够用于解释或描述复杂的自然或社会现象，表现出灵活性高、适用范围广、推理能力强等特点。但这一方式并不是对规则思想下的造型研究范式的替代，而是对已有造型研究的很好补充。同时，关于规则的研究与关于原型研究一样，为本书的造型原型研究奠定了理论基础和分析依据。

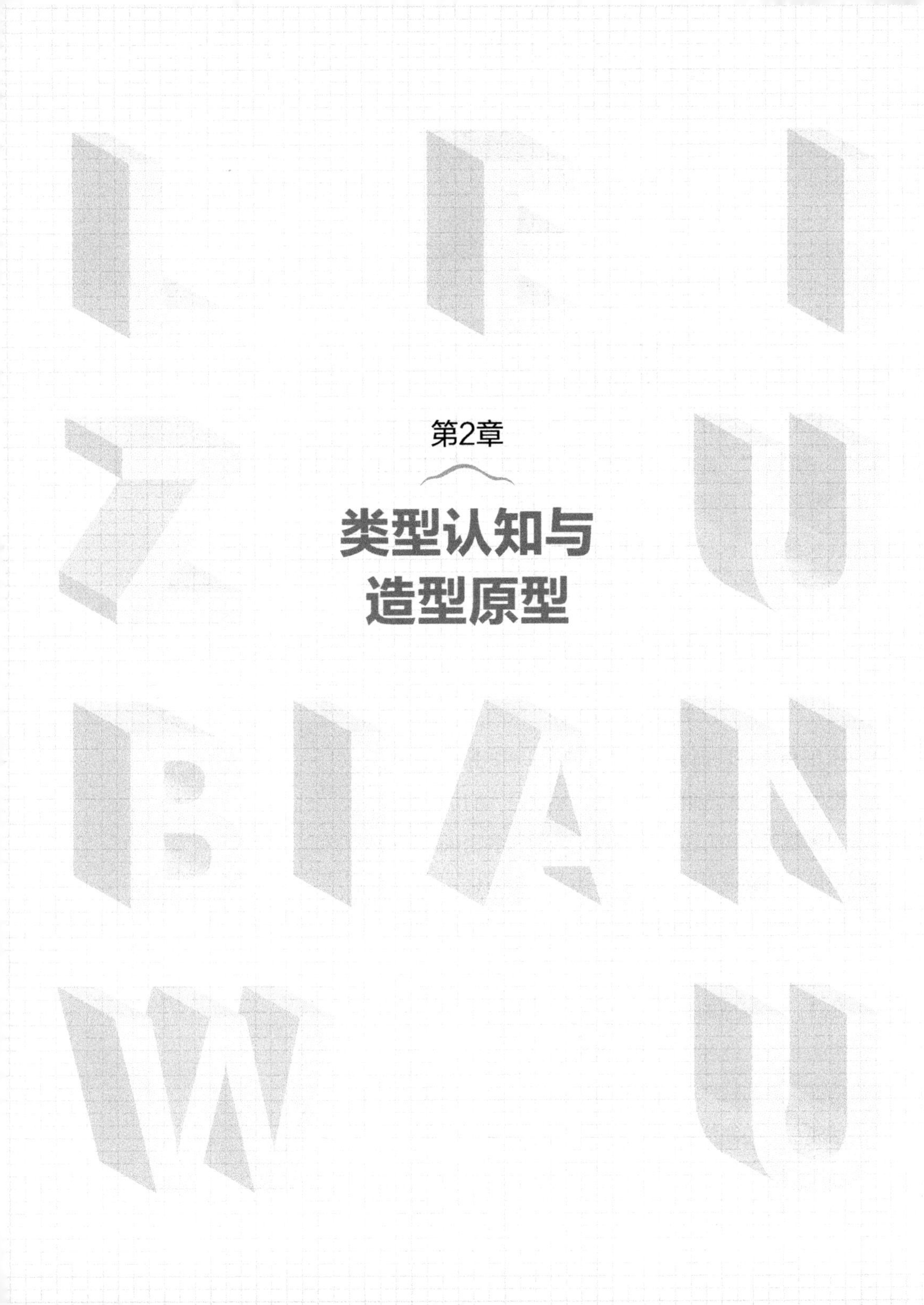

第2章

类型认知与造型原型

原型是人们通过对类型进行概括性表征而获得的心理表征，是最具典型性和代表性的理想化类型成员。相比基于规则的分类方式，基于原型的分类方式具备灵活性高、适用性广、推理性强等优势，其核心思想是原型范畴。原型范畴是围绕原型构建的范畴形式，它以家族相似性来维系，具有模糊性和典型性两种属性。

2.1 类型与类型认知

古人自有“方以类聚，物以群分”的思想，认为各种方术因种类相同而聚合，天下万物因类别不同而区分。类型作为类聚与群分的产物，不仅是人们认识世界的一种重要工具和方法，更体现了人们在事物认知过程中所采用的策略或思想。因此，类型和类型认知研究对产品造型设计具有重要的理论和实践指导意义。

2.1.1 类型的意义

类型是指按照客体事物自身的属性、关系、联系和结构特征，将其归属于某个特定团体或类别。类型包含了类型成员的关联信息，是人们辨识、理解事物的“认知平台”。类型的意义在于避免所有认知活动都要从“知识元”[74]开始推导，从而加快了人类认知的速度，减轻了大脑运算负荷。类型也是一种信息的组织构成方式，类型通过拆分和重构相同或相似事物的信息，以类似“信息包裹”（information encapsulation）[75]的形式进行封装，存放于人的记忆中。一旦信息包裹被激活，包裹内的信息便会被调出，为辨物所用。信息包裹是一组反映类型成员特征的信息集，这些信息集以某种组织方式封装，提高了记忆或提取信息的效率。例如，汽车的车型——轿车、跑车、SUV、MPV等，就是一种类型的概念，汽车造型设计最初始、最本源的设计概念其实就是车型的类型认知。

类型既是分类的依据，同时也是分类的结果。对事物归类的过程称为分类。分类是指根据对象的共同点和差异点，将对象划分为不同类别，并且形成有一定从属关系的不同等级的系统的逻辑方法。在科学研究中，分类研究是一种最基本的研究方法。分类也是人类非常重要的一种认知手段，人们在面临新事物、新问题或新情境时，首先判断它的类别，再运用类别知识来解决问题[76]。人们通过分类对事物进行整理，使数量繁多的事物系统化、次序化，从而达到认识、区分并掌握客观世界的目的。中国很早就对用类的范畴察辨事物的逻辑方法做出了论述，《周易・同人》提出“君子以类族辨物”，南宋朱熹在《朱子语类》中释其为“类族辨物，言类其族辨其物”，“类族，是就人上说；辨物，是就物上说”。“辨物”属于客观的认知过程，而“类族”则是一种基于客观事实的主观决策行为，通过“类族”才能够达到“辨物”的目的，反映了古人关于分类与事物认知两者关系的观点，强调了类族是辨物的前提和基础。

分类被视为人类的一种重要思维方法。首先，分类是归纳的准备。“归纳的成功，在于出发时须有正确的观点。要选择最好的基本概念，并把各种现象妥善分类，使其适于归纳的运用。”[77]归纳是建立在大量材料上，从个别推理到一般的方法，需要预先对材料进行分类处理，才能为推理奠定良好的基础。其次，分类是一种把知识系统化和次序化的方法，依托分类方式对知识进行系统化、次序化管理或检索，为知识的进一步研究和创新提供了条件。最后，分类是创新的前提。分类不仅是对已有事物和概念的归类，更是对事物从现象到本质的客观联系和主观看法的揭示，这为人们推断、发现、发明提供了指南。以跨界车的创新设计概念为例，“跨界”的概念就是一种以分类作为创新前提的推断和发现，或者说是已有类型间关系的拆分和重构。

2.1.2 类型分化

“道生一，一生二，二生三，三生万物。”类型分化是自然界和人类社会发展的一种必然趋势。物种进化有两个特点，向前演化和分支进化。达尔文在《物种起源》中写道：“从世界历史的最古时期以来，已发现生物彼此间的相似程度逐渐下降到可以被分成群下再有群。”[78]所有生物物种都是由少数共同祖先经过长时间的自然选择后演化而成，这是对自然界多样性的一项重要科学解释。

自然界与人类社会类型分化的共同特点都在于，起始于为数不多的基本类型，并在分化的过程中逐渐形成一个体系。在自然进化体系中，现有类型是由少数原始种类演变分化而来，而子类型还可能再次发生分化产生次子类型，并随着分化的进程种类分化更细，彼此的差别逐渐减小。这种分化规律通常可以用树状图进行简单说明，例如哺乳动物的系统发育关系物种树[79]，以及全球生物发展史域图（图2-1）[80]。物种分化源于对环境的适应，是优胜劣汰的具体表现。因此，分化使得物种更为适应某一环境，例如鸵鸟作为鸟类分化的一个支系，是一种体形巨大、不会飞，但奔跑得很快的鸟，非常适应非洲沙漠地带和荒漠草原的环境。

产品领域的类型分化与人类社会发展的步伐一致，社会发展从物质和精神层面改变了人类的生活，更多更广泛的需求、更新更全面的技术水平驱使产品不断在类型层面发生分化。在《品牌的起源》一书中，艾·里斯（Al Ries）引入达尔文的“分化”思想，通过众多案例分析指出，“分化是创造新物种的规律，新物种能够轻而易举消灭原有物种”这一观点非常符合产品竞争现象[81]。书中认为产品设计进化思想的精髓不在于某一产品能够应对任何

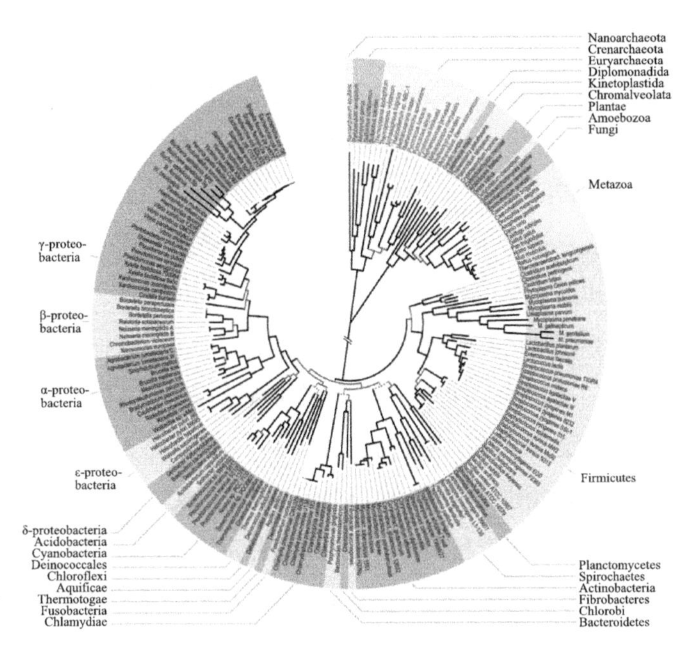

图 2-1　全球的生物发展史域图

情况，而在于能够及时分化出适应新环境的新产品类型。就这个观点而言，产品创新的本质应当是创造出适应更新更多情况的产品类型，简言之，产品创新就是产品的类型分化过程。因此，从类型与类型认知角度研究造型、研究造型原型是现代设计研究的必然趋势。

2.1.3　类型的定义

存在某一或某些相同、相似或相近点的事物，在分类时将会被归属于同一类别，彼此具有差异性的事物则会被分入不同的种类。分类的意义不仅在于“分”，同样也在于“合”。其中，“分”是将事物分门别类，其目的在于区别；而“合”则是对同一类事物采取相同的对待方式。因此，分类问题实际上也是对事物共同点和差异性的探讨，如何看待事物间的“分”“合”关系，是类的关键所在。

客观存在是分类的决定因素，但离开人为因素作用的分类也是不存在的。事物间相同或是不同的属性、关系、联系和结构特征是分类的根本依据，但某一事物按照怎样的规则划分则取决于人们的主观选择，即人们通过类的定义实现对分类行为的具体操作。所谓“天能生物，不能辨物也”(《荀子集解》)。类的定义，是指由人类制定的一组带有人类认知特点的判定集合，具有强烈的主观色彩。因此，分类既是对客观存在也是对主观认知的反映，包含了对事物本身以及人类自身、社会环境等多个角度的考虑。

类型的定义是分类的前提。定义使得类型能够独立且稳定地存在，定义的更换会令同一事物所属类型发生改变。中国古人认为“鱼，水虫也，象形，鱼尾与燕尾相似，凡鱼之属皆从鱼”(《说文解字》)，而鲸乃“海大鱼也”(《说文解字》)，“京，大也。或读为鲸。鲸，大鱼也”(《古今注》)。“摩竭大鱼，罟（渔网）师莫干，瀛渊角鼻，可与齐观”(《异鱼赞闰集》)，“海中大鱼，口可容舟，其名曰摩竭”(《事物异名录》)。可见，鲸在中国古代被认为是鱼的一种，属于鱼类。但在现代物种分类中，鲸是一类栖息于水中的哺乳动物，而不是鱼。人们对鲸的类型归类，是随着人类对鱼类判定标准的变更而改变的（图2-2）。这说明，类型具有动态性，

图 2-2　人们对鲸的类型归类，就很好地表明人们在分类时，既源于客观事物自身，也源于自己的主观认识，且这种分类动态的，是会变化的

这种动态性既可能是源于客观事物的自身变化，也可能是源于人们主观认识上的改变。因此，面向类型的产品造型研究中，对人们的认知特点的分析与对产品造型的分析同样重要，缺一不可。

2.1.4 分类方式及特点

（1）基于规则的分类方式

基于规则是一种以知识为主体的理性主义（rationalism）方法[82]，其核心是规则。从知识的角度来看，规则是一种知识的表示方式，每条规则都是一个精练的知识模块[83]。基于规则的分类方式作为朴素自然观的组成部分之一，是人们最为常用的事物辨别方法。早在春秋战国时期，荀子就以“水火有气而无生，草木有生而无知，禽兽有知而无义。人有气、有生、有知，亦且有义，故最为天下贵也”(《荀子》)辨识物种。而晋代学者崔豹则以“有生有识者为虫，有生无识者为草”（《古今注》）区分虫和草。

基于规则的类型定义是通过逐步舍弃非本质特征，保留一个或一系列本质特征实现的。因此，类型定义就是对事物本质属性的认识、判别和筛选。类型定义中包括特征（feature）和规则（rule），其关系式描述如式2-1：

$$C=R(x, y ,\cdots) \qquad 式（2-1）$$

式中，x，y，…表示类型C的特征或属性，R表示规则，即特征间的关系。“豪华汽车”的类型可以用关系式表示为：

$$C=R(价位，品牌，\cdots) \qquad 式（2-2）$$

式2-2中，价位、品牌等表示豪华汽车类型C的特征或属性，R表示规则，如高价位、名品牌等。

尽管基于规则的分类方式易于掌握、操作和运用，但这种分类方式在知识获取中存在“瓶颈”，且不能利用以往设计成功的经验或设计结果数据（图2-3）[84]。更为重要的是，规则难以用于描述和辨别某些复杂的自然或社会现象，表现出较为明显的局限性。尽管如此，人们依然能

图2-3 宝马X6 2019款、哈弗FX7 2019款都是跨界车型，用基于规则的方式，就会出现分类困难的情况

够对复杂现象进行认识并正确分类，也说明了基于规则的分类方式不是唯一在认知过程中起作用的分类方式。

（2）基于原型的分类方式

基于原型的分类方式，其核心思想可以用原型理论进行说明。原型理论认为，类别是以代表性特征（characteristics feature）为基础构成的，以此来描述（描绘或代表）该类别的典型（事实上的、原型性的）模型[85]。例如，豪华汽车以“法拉利”作为所谓原型实例，就可以获得更多的以往设计成功的经验或设计结果数据，而基于规则的分类方式，则缺乏对这些知识的获取办法。就是说，单纯根据某种规则（特征、属性）（例如高价格）是不可能设计出豪华车的，只有完整地获取豪华车型的内涵（原型）才能获得豪华车型的设计概念。

与规则匹配方式不同，基于原型的分类方式企图从整体的角度来解释概念，而不是应用各个独立的概念特征及其联系[86]。如图2-4所示，在原型识别模式模型中，将事物与原型进行匹配，如果是完全或有很大重叠则为匹配成功，进而进行分类并进入记忆。否则将回到最初的特征获取阶段，重新进行分析和匹配等工作。

因为原型是指一类客体的内部表征，即一个类别或范畴的所有个体的概括表征，代表了某类客观世界基本成分的抽象形式[87]。所以，原型拥有类型里大多数或全体成员的多种代表性特征，为人们的事物认知提供了匹配依据。波斯纳（Michael I. Posner）等人通过实验证明人们通过学习能够形成某种原型，并能够

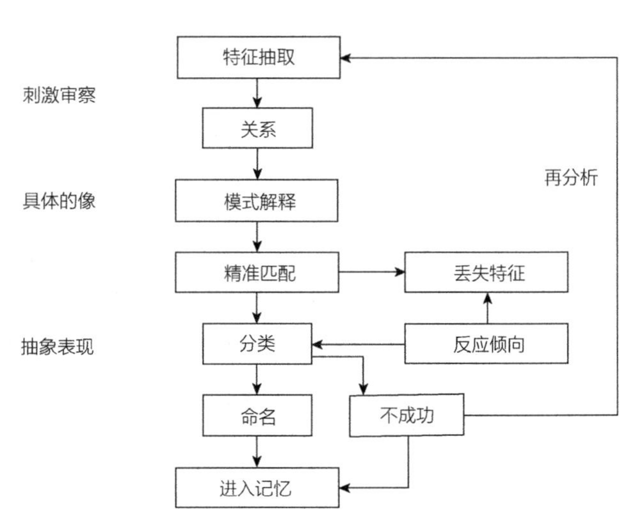

图 2-4　原型匹配模型

产生明显的迁移效应，其中，原型学习还包括学习变异性的知识[88]，这使得原型具有更高的灵活度。此外，基于原型分类方式是以相似性而非规则为中心的[89,90]，而基于相似性的加工过程被认为和内隐系统有关[91]，在类型推理中涉及更多的内隐性知识。因此，基于原型的分类方式在认知解释和知识推理方面，都具有较高的研究价值，这也为造型研究方法的创新提供了一条新的途径。

2.2 原型范畴与产品类型

原型范畴与产品类型涉及5个方面的基本问题：家族相似性、范畴、模糊性、典型性、原型特征。本节将就原型范畴与产品类型的关系做出论述。

2.2.1 家族相似性与产品家族性

（1）家族相似性的提出及意义

家族相似性是原型理论产生的前提和准备。哲学家、数理逻辑学家维特根斯坦在《哲学研究》中提出了一个关键概念——“家族相似性（family resemblance）”[92,93]，其相关的理论对心理学、语言学、哲学等都产生了巨大影响，不少学者认为其对形而上学有重大理论性突破（图2-5）。家族相似性直接或间接地催生了原型理论[94,95]，成了原型理论关键的理论依据。

维特根斯坦认为，类型中往往不能找到全体成员所共有“本质”，即同类事物中并不存在“共同的”特征，而只有“交叉重叠”的“相似性”。类型不能依据充分条件及共性或共相来划分，而具有一定量的相似性即可被认作是同一类。以家族联系为例，家族一些成员可能有相似的鼻子、眼睛或耳朵，另一些有相似的肤色，而其他几个成员有相似颜色的头发。所

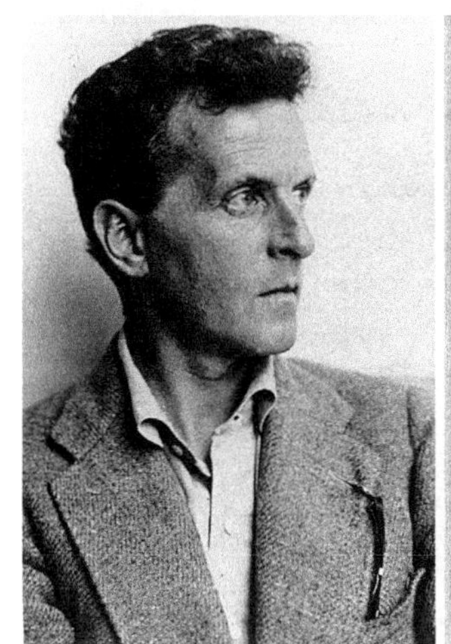

图2-5 维特根斯坦在他的著作《哲学研究》中，提出了“家族相似性”的概念

有家族成员没有一样特征是共用的，但由重叠和交叉的相似性维系在一起[96]。如图2-6所示，家族相似性的思想可以表示为，集合A与集合B、F，集合B与集合C、A，…集合E与集合F、C、D有共有属性，但无所有集合都共有的属性，所有集合以“链条”形式串联成一个整体，家族相似性为所有集合交集的并集。

在产品领域，家族相似性表现为产品家族性，就是产品延续了其家族的“血脉”。产品家族性在产品设计中非常常见，阿尔法·罗密欧汽车家族各年代各车系前脸存在着相似但不完全相同的特征，其各车型最终构建成互相重叠的产品家族[97]（图2-7）。而奥迪、宝马品牌的汽车家族间的关系呈交叉重叠的网络状，其品牌构成具有明显的家族相似性结构[98]（图2-8）。按钮百年演变的衍生模式也是一种基于相似性的变化机

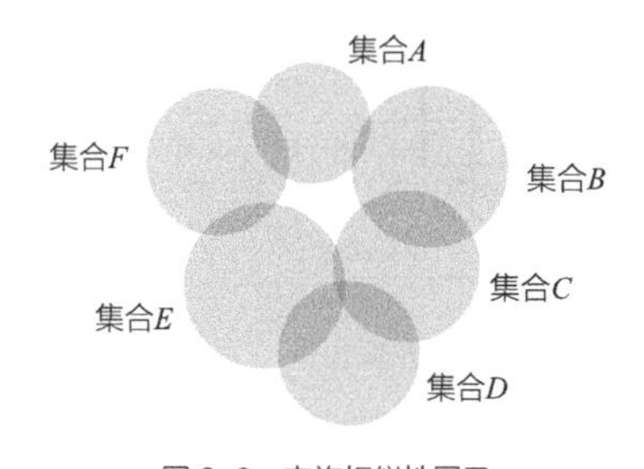

图2-6 家族相似性图示

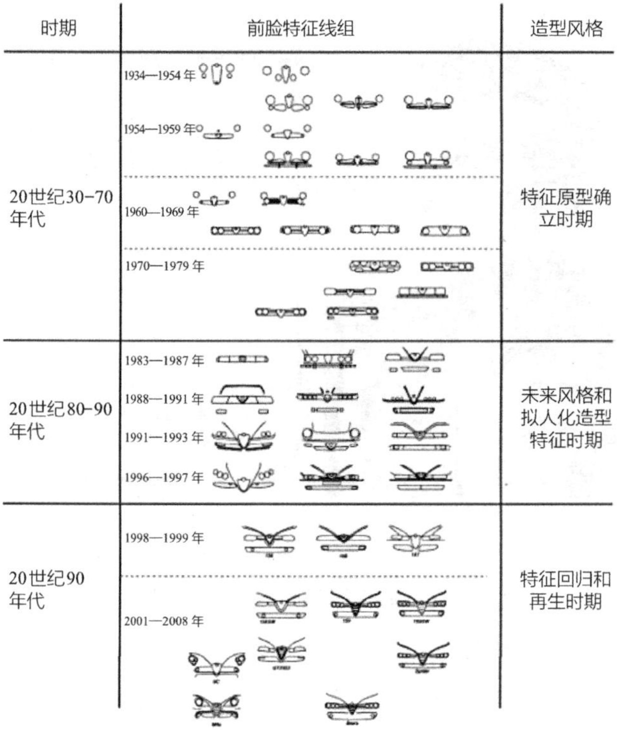

时期	前脸特征线组	造型风格
20世纪30-70年代	1934—1954年 1954—1959年 1960—1969年 1970—1979年	特征原型确立时期
20世纪80-90年代	1983—1987年 1988—1991年 1991—1993年 1996—1997年	未来风格和拟人化造型特征时期
20世纪90年代	1998—1999年 2001—2008年	特征回归和再生时期

图 2-7　阿尔法·罗密欧汽车家族各年代各车系前脸

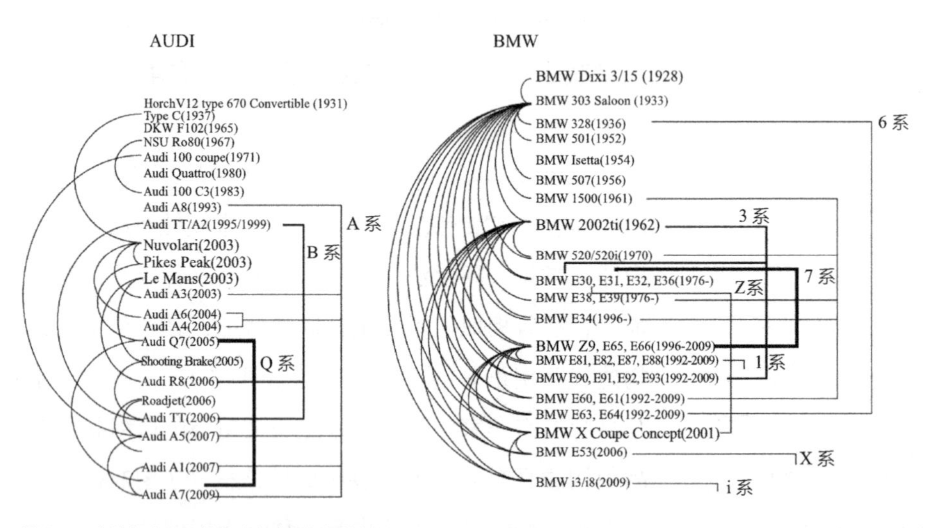

图 2-8　奥迪与宝马品牌的汽车家族相似性结构

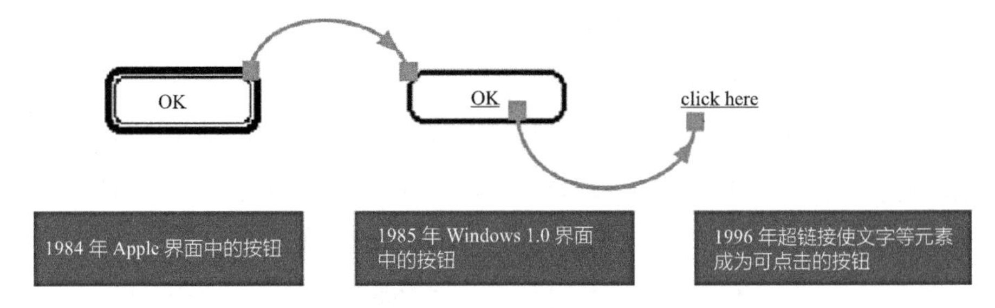

图2-9 按钮原型特征的连锁式衍生

制，新产品设计继承了原先产品的部分特征，两者彼此存在一定的相似点[99]（图2-9）。

（2）家族相似性的局限性

家族相似性对“共相说”形成了巨大的冲击，极大地促进了范畴化理论的发展，拓宽了范畴化研究的思路，对原型理论的产生和完善做出了重要的贡献。然而，家族相似性也存在明显的局限性。否定事物之间共同性关系的存在，即只承认事物的个别性并以此否定事物的共同性，将会走向另一极端，导致范畴化的虚无主义，走向绝对差异的原子主义立场[100]。早在春秋战国，古人就对此类问题进行了讨论，《吕氏春秋·察传》有“故狗似玃，玃似母猴，母猴似人，人之与狗则远矣”，如果仅考虑交叉重叠的“相似网络”关系，那么将得到荒谬的逻辑推演结果。

在随后的研究中，研究者认为家族相似性与共相说并不是在任何情况下都是对立的，而是在很多情况下可以很好地结合起来[101]，并提出了融相似性和共同属性为一体的所谓“家族成员相似性”。因为从某种程度上来讲，共同属性也可以被看作一种相似性[102]，这为之后的分类问题研究提供了重要的理论依据。因此，本书在使用家族相似性理论进行问题研究时，更加强调家族成员之间因交叉重叠构成的相似性，以及其关系的维系和扩展方式对产品形态认知及造型设计造成的相关影响。

2.2.2 原型范畴与产品范畴

（1）原型范畴及其特点

围绕原型构建的范畴被称为原型范畴。早在古希腊时期，亚里士多德就对范畴做了系统的研究，把它看作对客观事物的不同方面进行分析归类而得出的基本概念[103]。在分类学中，范畴是最高层次的类的统称。在实际使用中，可以将范畴理解为反映事物本质属性和普遍联系的基本概念，是人类理性思维的逻辑形式[104]。

对范畴问题的研究主要经历了从“经典理论”到“原型理论”的发展过程。亚里士多德时代到维特根斯坦之前，经典理论的范畴理念广为使用。经典理论认为[105]：范畴由一套必要和充分条件来共同界定；对象具有二元性（binary），一个事物或属于或不属于某一范畴，绝没有第三种可能性；范畴有明确、清晰的边界；范畴内的所有成员地位相同。经典理论是一种高度理想化、抽象化的二元分法，这样定义出来的范畴是绝对的、离散的，属于一种绝对化的认知方法，采用这样的思维模式对事物进行认知，往往会出现很多问题，它忽视了经典范畴之外的其他类型范畴，不能正确、全面地反映大多自然现象的客观事实。以对鸟的判断为例，经典理论依据对象是否具备羽毛、翅膀、飞翔以及卵生等“鸟”范畴的必要充分条件进行判断，然而，依照这一范畴理论定义难以甚至无法正确判断企鹅、鸵鸟等动物的类型归属问题（图2-10）。

在人们的不断质疑中，范畴问题研究进入第二阶段。罗施以大量实验结果为依据，证明了经典理论的局限性，并提出了原型理论。原型理论对范畴的定义更加令人信服，对各种现象的解释也更加合理，既肯定范畴界限客观存在，又正视范畴成员之间的隶属度[106]。罗施认为，人类建立的范畴其实都是典型范畴，又称原型范畴[107]。罗施及洛博夫（W. Lobov）[108]的实验证明，范畴不是客观世界的直接反映，而是人通过身体及心智对真实世界的特性进行能动处理的结果[109]，是客观因素与生理、心理、文化因素作用的结果。与经典理论的范畴定义比较，原型理论下的范畴化特征具有以下主要特点：范畴构成是一个

图 2-10　如果把飞翔作为“鸟”范畴的必要充分条件，那么企鹅、鸵鸟就无法被认为是鸟类了

连续体，范畴边缘是模糊的，范畴之间存在相互重叠的现象。

范畴是范畴化的产物，范畴化是人们对客观对象进行分类的认知过程[110]。在现实中，“范畴”的基本含义大致相当于“类”，范畴化（categorization）就是对事物分类的心理过程[111]。这里的“类”不是指客观存在的事物、现象的类，而是指事物、现象在人的认知中所归的类，即人们通过思维对世界进行认知分类产生了范畴，反映了人对物质世界的认识。洛博夫在著名的杯装物体试验中证明，事物的外观和事物的功用都会影响事物的范畴化[108]。因此，事物外观也是类型划分的主要依据。

（2）汽车产品的原型范畴

范畴内部存在结构关系或层级关系。范畴具有层级结构，这种层级结构属于分类机制中的一种垂直性尺度，主要表现为层级、等级关系，其中具有认知优先地位的范畴称为基本范畴（basic level）[112]（图2-11），基本范畴是那些携带了最多信息，拥有最高程度的类别提示效度，最能够将彼此进行区别的范畴层级[113]，是人类对事物进行分类最基本的心理等级[114]。在基本范畴上的分类可以称为“基本类型”。从人类知识结构来看，基本范畴和基本类型是人类认识世界、储备知识、组织知识的基本层面[115]。

如图2-11所示，在基本范畴基础上，还有向上更加抽象、更具概括性的上位范畴（superordinate）和向下更具体、较少概括性的下位范畴（subordinate）。一般说来，人类个体之间、民族之间具有相同的生理、心理特征和认知能力，因此人们之间的基本范畴和等级是基本一致的，但由于职业、教育、生活文化背景的差异，在某些范畴的范围和等级方面会有一定的差别。

对汽车产品的认识都会产生基本范畴及上、下位范畴（图2-11左）。当一辆宝马SUV汽车驶过（图2-12），一个普通人（不熟悉汽车品牌）更容易做出“这是一辆汽车”，而不是“这是一个交通工具”或“一辆宝马或SUV”的判断。在这里，“汽车”属于基本范畴的分类，“交通工具”和“宝马或SUV”分别属于上、下位范畴的分类（图2-11中）。但如果见到汽车的人是一位汽车设计师或爱好者，具备丰富的汽车相关知识，则更容易将“宝马或SUV”甚至“X3或X5型号”作为基本范畴分类来使用，“汽车”转换为上位范畴，而“交通工具”则更加远离基本范畴，被感知或使用频率会更低（图2-11右）。因此，事

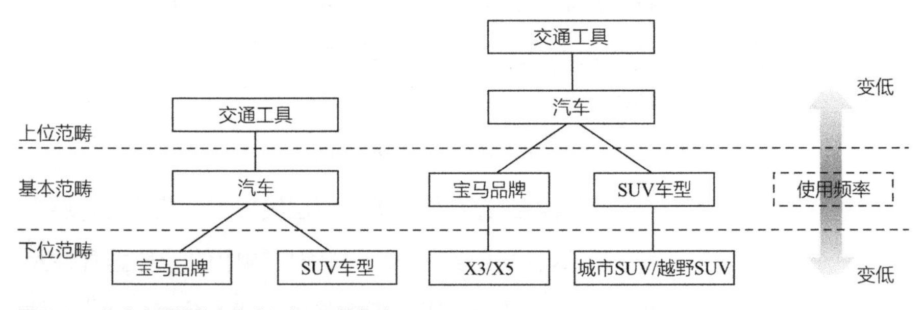

图2-11 汽车产品的基本范畴及上、下位范畴

图 2-12 不同人在看到此辆汽车时，所产生的范畴层级结构是有差异的——不熟悉汽车的人会觉得只是看到了一辆汽车，而具备汽车相关知识的人看到的是一辆宝马 X3 的 SUV

物类型能够在基本范畴中被大量或高频率使用，说明了其所在范畴的优先性以及使用的广泛性和适用性。当更多的人在面对一辆SUV汽车时，立刻感知到“这是一辆SUV”，而不是“这是一辆汽车”，“SUV”代替“汽车”成为基本范畴的分类，意味着前者已经超越后者，能够更为精细且充分地对这一类型事物进行描述和归纳，具有更加经济的认知效益。台湾成功大学通过汽车案例研究，总结出用户用于表达产品形态意图的五种描述模式，并认为这些描述模式分布在三个范畴层。其中“情感传递”涉及大多汽车，属于上位范畴，而“形态解释”只针对很小一部分汽车，属于下位范畴，其余如“关联”“分类”和“类比”三种表达模式则属于基本范畴，是兼具了一般性和可理解性的描述[116]。

（3）汽车的基本车型

基本车型是一种汽车分类的概念，包含范畴和产品两个方面的意义。一方面，基本车型是范畴层级中的基本范畴概念，即基本类型；另一方面，基本车型又是一个产品类型的概念。因此，基本车型应当具有四个特点：稳定性、常用性、标准性和能产性[117]。即基本车型是汽车类型中具有强生命力、广泛使用的、为大多数人接受和理解的，受地域、民族、文化差异影响较小，并具有衍生其他车型能力的汽车类型。根据中国乘用车市场车型统计结果[118]，常见乘用车有轿车、MPV、跑车、SUV四类基本车型。以上四个基本车型都具有众多的类型成员，且重叠率较低，具有较高的稳定性和独立性，可以为汽车造型原型研究提供可靠的研究样本。

2.2.3 产品原型范畴的模糊性

（1）模糊性现象

模糊性现象既是一种自然现象也是一种社会现象，产品的认知过程会受到模糊性的影响。这里所指的模糊，不是指功能的不确定性，而是指领域感的不确定性[119]。从信息加工的角度看，认知结构的知识获取不仅依靠推理，而且要依靠充满各种模糊性特征的各种认知思维方法[120]。原型理论最有价值的贡献在于提出了范畴具有“核心”和“边缘”的论点，并且认为，范畴的边缘是具有模糊性的，即模糊性是原型范畴的属性和特点。用模糊数学（Fuzzy）[121]奠基人美国控制论学者札德（L. A. Zadeh）的话来说，模糊性是连续的，“亦此亦彼”，而非“非此即彼”。模糊性主要源于两种情况：一种是本体的模糊性，另一种是认识的模糊性[122]。此外，认知语言学家认为人类自身的知识及表达特点也导致了模糊性[123]。

本体的模糊性：有很多客观事物本身就是模糊的[124]，这些界限不清的客观事物反映在人脑中，必然形成认识的模糊性[125]。恩格斯说：“在希腊哲学家看来，世界在本质上是某种从混沌中产生出来的东西，是某种发展起来的东西、某种逐渐生成的东西。”[126]客观事物和客观现象一般是以整体或连续的而不是离散的形式存在，从而导致事物间并无明确边界。例如蓝色、黄色以及绿色，就是以渐变式彼此过渡，各颜色之间不存在泾渭分明的界限。而在汽车造型方面，跨界车（crossover）车型从功能层面到外观层面都融混了几种基本车型的特点，汇集了多种车型的优点，但其车型本体具有模糊性。

认识的模糊性：一方面，人的认知能力具有局限性，大脑思考以及感官收集或传输信息都会受到人类自身生理因素的局限，造成主体在认识上模糊了认知对象本来清晰的界限，例如视错觉现象[127]。另一方面，认识是一个对客体本质愈加接近的渐进过程，而不可能做到完全的认识，例如在基础研究中对分子、原子、夸克的阶段性发现，同样，汽车由于技术的发展与人类需求的多样化也在不断向前发展。

人类自身的知识及表达特点：人类有能力认识到客观事物是有本质性差别的，有时出于某种需要，认识主体有意识地将事物模糊化。客观世界的无限性、连续性和人类表达形式的有限性、离散性是不可避免的矛盾，因此，人必须把整体或连续的客观事物强制性地主观分割成多个小块，进行归类，以达到认知的目的。人为主观划分客观世界事物的行为，在具有高度概括性的同时也产生了模糊性。例如，人为依据价格及技术要素将汽车划分为微型车、中档车、高档车和豪华车，这种划分为人们提供了进一步了解、研究汽车的切入点，但同时也带来了类型间的模糊性。

（2）类别的经典论与模糊论

人们考虑类别问题时，可以分为经典概念和模糊概念。经典概念是指通过定义某些特性对类别进行辨识，二分条件集合论是经典概念的代表之一。经典集合论认为任意元素和任意一个集合之间的关系只有“属于”和“不属于”，即每个元素对每个集合的归属性都只能是“0”或“1”，表示非此即彼，强调精确性。而模糊概念趋近于自然的认知习惯，模糊集合是模糊概念的重要代表之一。

模糊集合就是没有明确边界的集合，它通过一个隶属函数（Membership function）/隶属度（Grade of membership）来实现对类型程度的表达，隶属度取0和1之间的值。模糊集合是一种柔性的“定义”方式，可以较好地描述类别的模糊性和信息的不同冗余性。在设计领域，模糊理论也逐渐成为设计研究所使用的一种热门方式，被广泛运用于家具[128]、机床[129]、汽车[130]等产品的研究中。

原型范畴是连续的，范畴由核心逐渐过渡到边缘部分，分布于其中的范畴成员的典型性逐渐降低，其典型程度可以用隶属度进行描述。用模糊集合表示为，模糊集合是论域U中的模糊集合F，F用一个在区间[0,1]上取值的隶属函数μ_F来表示，则有：

$$\mu_F: U \rightarrow [0,1]$$

$$\mu_F(u)=\begin{cases} 1\text{，表示完全属于}F \\ 0\text{，表示不属于}F \\ 0<\mu_F<1\text{，部分属于}F \end{cases} \quad \text{式（2-3）}$$

F可以描述为：

$$F=\{[u,\mu_F(u)]\},\mu_F(u)\in U \quad \text{式（2-4）}$$

由于范畴之间存在相互重叠的现象，因此一个范畴成员可能同时存在于几个原型范畴内，即以不同的隶属度属于几个原型范畴。以序偶法为例，模糊集合可以表示为：

$$A=\{[u_1,\mu_F(u_1)],[u_2,\mu_F(u_2)],\cdots,[u_n,\mu_F(u_n)]\},\mu_F(u_n)\in[0,1] \quad \text{式（2-5）}$$

序偶对的前者u_n是指论域中的元素，后者$\mu_F(u_n)$是指该元素对应的隶属度。则一个原型范畴下的隶属度可以简化为：

$$A_i=\{[u_i,\mu_F(u_i)]\},\mu_F(u_i)\in[0,1],\forall i=1,2,\cdots,n \quad \text{式（2-6）}$$

A_i表示原模糊集合A中第i项的隶属度。

由此，范畴成员的典型性与隶属度紧密关联，典型程度高的范畴成员具有高隶属度，两者都可以看作是范畴成员在原型范畴内的一种位置表示（下面详细讨论）。但是，两者在概念上存在区别，隶属度是范畴成员属于某一类型的程度，而典型性是范畴成员对某一类型的代表程度。就本书研究的汽车SUV车型而言，某一款SUV车的隶属度是表示该款车属于SUV类型的程度，而其典型性是其代表SUV类型的程度。

2.2.4　产品原型范畴与典型性

（1）原型范畴与典型性

就原型范畴的概念来讲，越典型的范畴成员（产品）越具有原型性。美国民族学家柏林（Brent Berlin）和语言学家凯（Paul Kay）在1969年的实验[131]中发现，尽管各个颜色词的边界是模糊的，但人们总是倾向于依赖颜色空间中某些特定的点（特定色例）。这些点表示每个颜色词所特指的一个中心区域，称为“焦点色”或“核心颜色”（focal colors），就是颜色词所特指的最具典型性的那个颜色区域（图2-13右）。随后的实验验证也表明[132,133,107,113]：人们总是将范畴中的某些成员看作最为典型的成员。当人们列举某一范畴成员时，某些成员总是较早和更为频繁地被列举出来，典型成员的范畴性判断句的真值判断要快于非典型成员的判断句。

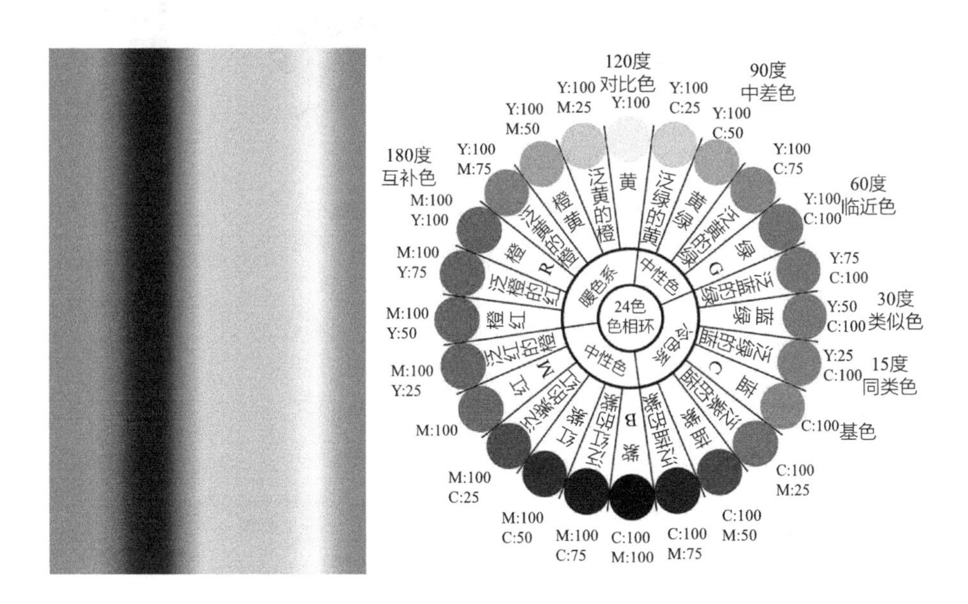

图 2-13　颜色及其存在空间是连续的，彼此间的边界也是模糊的（左）；焦点色是离散的、可数的、可自我定义的（右）。世界各地的人们在焦点色定义方面，存在较高的相似性

焦点色研究随后扩展到对形状的研究。罗施将“焦点”（focus）换为“原型”（prototype）这一提法，认为原型就是范畴中最具典型性的“成员”，反映了范畴的中心趋势[134]。因此，典型性在人的原型认知中是至关重要的，以“典型成员”作为事物认知的参照点，并以此来推知整个原型范畴，这一论点将是本书后续实验研究的一个关键依据。

典型成员位于原型范畴的核心范围，也称为原型实例[135]。在认知过程中，对典型成员的分类比对非典型成员的分类更快[136]，并且人们在列举某一概念或类型时，更加倾向于列举类型中的典型实例[137]。如图2-14和图2-15所示，鸟类判断小样本实验中，大雁比其他鸟类（鹦鹉、野鸭、企鹅）选取次数高，大雁是4个实例中最典型的鸟类成员；如图2-16和图2-17所示，在MPV车型判断小样本实验中，大众途安比其他MPV车（大众途安、雪铁龙大C4、毕加索）取选次数高，大众途安是最典型的MPV原型实例。

图2-14　四种鸟类，分别为（a）大雁、（b）鹦鹉、（c）鸭子、（d）企鹅

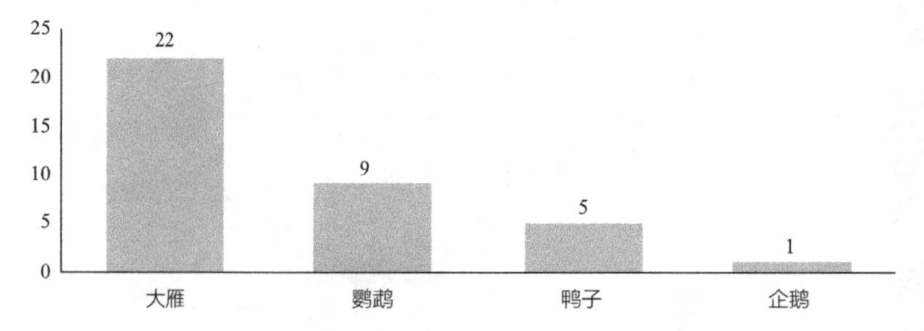

图2-15　当人们去描述或说明鸟类时，企鹅是最少被使用的，大雁则更容易被拿出来说明

图 2-16　五种官方定义为 MPV 的汽车，分别是（a）大众途安、（b）雪铁龙大 C4、（c）奔驰 R 级、（d）长丰骐菱、（e）标致 HX1

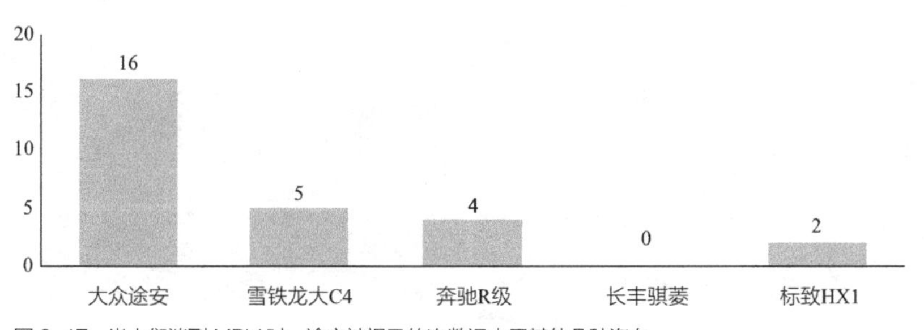

图 2-17　当人们谈到 MPV 时，途安被提及的次数远大于其他几种汽车

由此可见，由于原型实例是实际存在的事物，因此在原型研究中具有更好的操作性和实验性。此外，一些心理学家还主张用多重实例（exemplar）[138]来研究类别化，以便对更多事物灵活归类[139]。例如，SUV车型的原型范畴中，就存在城市SUV、商务SUV、越野SUV等[140]。

（2）汽车典型性的数学描述

汽车典型性可以用数学方式描述表达。以跨界车的典型性为例，2012款Acura ZDX（图2-18）是本田公司设计的一款全新跨界车型，ZDX的设计师米歇尔·克里斯滕森（Michelle Christensen）表示，ZDX外观设计的目的在于跳脱目前运动休旅车类型的既有框架。ZDX侧面比例、底盘高度类似于SUV车型，但车顶曲线和尾部更接近于跑车车型，因此，对其典型性的描述，用集合方式表示为：

$$Y=\{[v_1,\mu_T(v_1)],[v_2,\mu_T(v_2)],\cdots[v_n,\mu_T(v_k)]\},\mu_T(v_k)\in[0,1] \qquad 式（2-7）$$

Y为ZDX车型的典型集合，v_n是指ZDX车型对应的典型实例，后者$\mu_T(v_k)$是指ZDX的第k种车型典型性得分。

图2-18　2012款Acura ZDX是一款跨界车，它什么车型都有点像，但又都不是，因此人们很难对它的类型进行定义

2.2.5 原型特征与造型原型特征

（1）原型特征及其类型

原型特征源于范畴成员具有的特征，但不是范畴成员所有的特征都会成为原型特征，只有典型的、相似的和共有的特征才可能成为原型特征，因此，原型特征本质上是一个概率事件。原型理论认为，一个范畴是由能够聚集在一起的特征所构成的概念（心理表征），这种特征称为原型特征[141,142]。南希·吉尼罗（Nancy Genero）通过对精神病临床诊断类型的研究，将这种构成原型的特征称为相关性特征（Correlated features）[143]。辨识各种物体的外形是人类非常重要的原始本能，透过辨识的过程，依据对象与对象间的特征关系进行比较，进而分类、分群。因此，特征可以说是辨识的基础。

维特根斯坦认为，一个范畴内只存在互相重叠的一种相似性特征。而泰勒（Taylor）认为，基本范畴具有所有范畴成员至少一个以上的共有属性（特征）[144]。朱曼殊则认为，原型特征至少可以分为定义性特征和特有特征两种[145]。定义性特征是范畴中每个实例都具有的特征，属于范畴成员的必要条件；特有特征则是范畴中的部分实例具有的特征，属于范畴成员的非必要条件。阿姆斯特朗（S. L. Armstrong）则认为，所谓特有特征就是代表性特征，原型特征研究应该包括定义性和代表性特征[146]。综上所述，本书后续研究均采用“定义性特征”和“代表性特征”的提法。

在类型辨识中，定义性特征与代表性特征会扮演不同的角色。定义性特征属于辨识类型的必要条件，因此，如果缺失定义性特征就肯定不属于该类型。以灵长类动物类型为例（图2-19），有四肢，头部有两只向前的眼睛，眼窝上方有突兀的眉骨，前肢各有5个趾头（指头），每个趾末端有角质化的趾甲，这些特征是灵长类动物所共有的定义性特征，是灵长类动物范畴成员的必要条件，没有这些定义性特征的则不是灵长类动物；而全身有毛发、有尾等是灵长类动物的代表性特征，对于辨别灵长类动物有重要意义，但这一类特征并不是所有范畴成员共有的，是否具有这些特征并不能决定是否属于灵长类动物。

从存在形式上看，原型特征有实例和心理表征两种存在形式。前者是指特征的客观存在，例如实体的尺寸、比例、颜色等属性特征；后者是通过识别、提取、概括和抽象后等，实体特征的心理表征，即从实体域映射到心理域（图2-20），心理表征是人类在较高认知层面获取事物本质属性的结果[147]。如图2-20所示，F表示实体特征集，F_1、F_2分别代表非原型特征集和原型特征集，两者之和为实体特征映射到心理域的特征数量，即F_1、F_2相加等于F。

图2-19 狐猴（左上）、猕猴（右上）、黑猩猩（左下）、人类（右下），都具有灵长类动物的特征，其中一些特征属于定义性特征，另一些则属于代表性特征

在原型范畴内，范畴成员拥有的特征数量决定了其典型性程度。理论上，除了位于原型范畴最中心位置的，即最理想的范畴成员（原型）外，其他成员只可能拥有部分原型特征，即原型范畴内成员由原型特征集和非原型特征集构成。

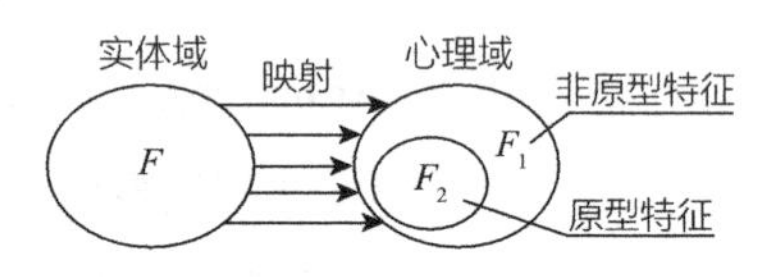

图2-20 原型特征框架

原型特征还存在所谓的“显著性”，即指视觉场景中能够引起注意，更加易于储存和提取的视觉特性。任何特征只有受到注意才可能成为显著特征，其注意程度被称为“特征显著性”（Attribute saliency，简称AS）。因此，特征显著性是衡量造型特征的重要因素，而特征出现的频率简称为“特征频度”（Attribute frequency，简称AF）[148]。

以宝马汽车为例（图2-21），其双肾型格栅与霍夫曼折角的造型特征，是宝马品牌共有的两个定义性特征；但由于双肾型格栅位于前脸中间位置，而霍夫曼折角在侧窗后部，前者不仅在形态上更加独立，且所占面积更大，因此具有更高的特征显著性（AS）。特征显著

图2-21 宝马汽车双肾型格栅（左）与霍夫曼折角（右）都是较为显著的品牌特征，但两者的特征显著性由于位置、大小等因素，又各不相同

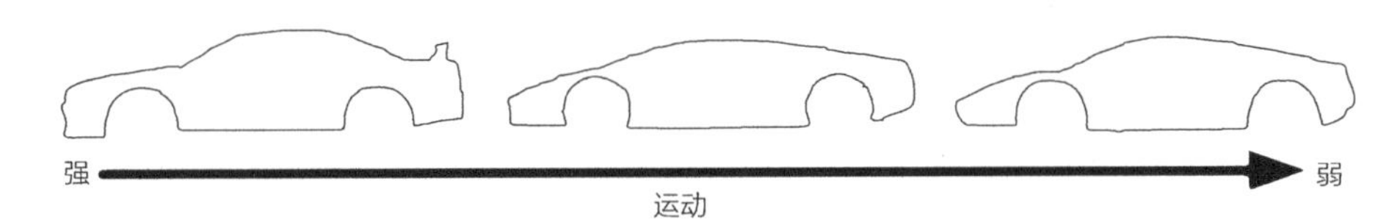

图2-22 汽车尾部造型对汽车的动感得分有着显著的影响

性不同，征映射得到的原型特征对类型辨识所起的作用会产生不同程度的效果。

此外，闵光培通过研究汽车侧面轮廓[149]，发现汽车尾部的扰流板形态特征使某一样本的运动感得分超越了另外两个样本（图2-22），尽管另外两个样本是兰伯基尼 Murcielago 和法拉利360这样的超级跑车。此外，科赫（C. Koch）等人对视觉特征的显著性做了更加深入的研究，并提出了相关模型[150,151]。

一般情况下，典型性高的范畴成员所拥有的原型特征，比典型性低的成员所拥有的原型特征有更高的显著性[89]。例如，法拉利458（2013款）是比大众Eos（2008款）典型性更高的跑车车型，法拉利458的车身比例、车高、轴距等特征比大众Eos具有更高的显著性。凯美瑞（2013款）相比甲壳虫（2014款）是更加典型的轿车车型，前者的车顶造型特征就比后者更具典型性，车顶特征更为显著。

2.3 原型的范畴辐射模型

2.3.1 范畴辐射模型

原型范畴与心理场有着诸多相似处[152-164]：两者都属于围绕某一中心构建的心理系统，心理场以特定事物为中心，原型范畴以原型为中心；两者都以某种关系相互作用并形成一个系统，心理场是由人的心理能量和事物能量组成一个特定的场，原型范畴由相似性构成；两者都认为系统存在辐射性结构，具有连续性。心理场的中心力量最大；而原型范畴的中心隶属度最高，最具典型性；两者都是在不断变化的，且变化都遵循由量变到质变的规律；两者均存在惯性，即构成心理场或原型范畴的客观事物消失后，其构成的心理映射不会立刻消失，心理场和原型范畴仍然会存在一段时间。因此，本书认为场的概念适合于表征和分析原型范畴内部构成，或者说用场的概念来描述范畴的作用机制。

将原型范畴类比为一个场，用标量函数 u 对其空间进行描述。一个空间点对应一个值，则空间点 M 就和一组有序实数 (x, y, z) 对应。场中各点表示为 $u(x, y, z)$，简写为 $u(M)$。为直观地研究 u 的分布情况，对场中量值相同的点分布规律进行分析，这些点可以表示为：

$$u=(x, y, z)=c,\ （c为常数） \qquad 式（2-8）$$

$u(x, y, z)$ 在几何意义上表示为一个曲面，称为标量场的等值面[155]。原型范畴的等值面则意味着在这个面上的所有空间点，其隶属度是等值的。为便于表述，本书对原型范畴的三维空间表征方式进行了二维简化。在二维空间中，等值面简化为等值线，由内至外辐射，量值逐渐减弱。原型范畴空间量值分布如图2-23所示。

图2-24以场形式对原型范畴中原型位置、空间点位置及其隶属度的分布情况做出了图示说明。原型范畴是由彼此相互具有相似性的成员构成的，因此其内部构成不仅包括空间量值分布情况，还包括范畴内成员分布情况。综合原

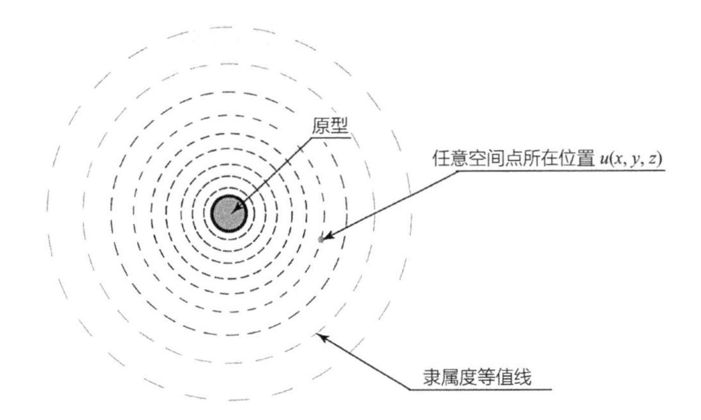

图 2-23　原型范畴空间量值分布图

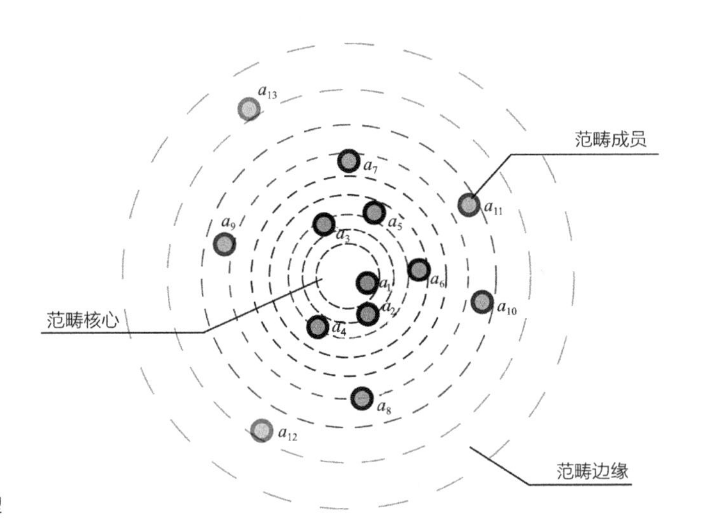

图 2-24　范畴辐射模型

型范畴的特点，在空间量值分布图内加入范畴成员，可获得对原型范畴内部构成更加具有说明力的范畴辐射模型。范畴辐射模型的构建，不仅可以用于描述原型范畴的内部关键构成，还能够通过其构成特点对隶属度、贡献度等概念做进一步的定义和计算。

2.3.2 范畴辐射模型中的隶属度和典型性

在范畴辐射模型中，原型是一种理想的心理表征。所以，原型应标示在范畴的中心位置，作为一个测量各成员类型隶属度的参照点。如图2-25所示，范畴辐射模型在原型范畴中心位置虚拟了一个五星标示，即原型。

假设原型与原型自身的相似程度为满分10分（可以自行决定满分分值），与处于范畴最外位置第m个范畴成员a_m的相似程度为0分，那么，当第j个范畴内成员a_j与原型的距离为l_j时，则第j个范畴内成员的相似性可表示为：

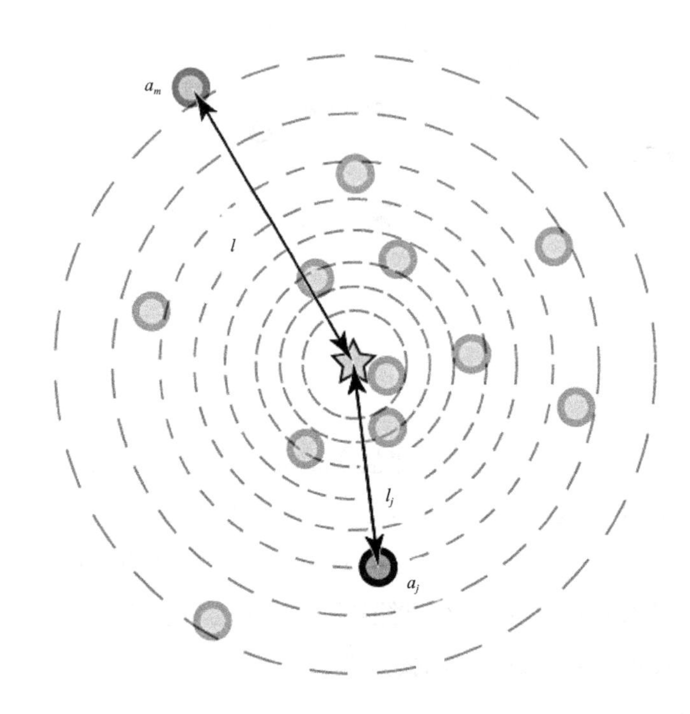

图 2-25 范畴辐射模型中原型与成员的距离

$$S_j=10\times\frac{l-l_j}{1},\ j=1, 2, \cdots, m,\ m\in[0,10]$$ 式（2-9）

S_j的值域为：

$$S_j=\in[0,10]$$

式（2-9）中，距离 l_j 表示在认知过程中，观察对象与原型的心理距离，是对相似程度 S_j 一种直观上的感受。由原型与典型性的关系分析可知，范畴成员与原型的相似程度，也是其类型的典型程度。因此，根据相似程度 S_j，即可得到范畴成员的典型程度。

2.3.3　范畴成员的贡献度与权重

范畴辐射模型中，范畴成员的集合构成了整个原型范畴。每个范畴成员都对原型及其范畴的形成有贡献，且典型程度越大，对原型构成的贡献也就越大。贡献度体现了不同范畴成员对类型原型表征的相对重要程度，即每个范畴成员在原型范畴内均有不同的权重。权重不仅是衡量每个成员的存在意义的重要指标，更是对原型范畴核心思想的浓缩体现，因此，本书将其取名为“原型权重”。

根据以上分析，有 m 个范畴成员的原型范畴，其原型权重系数的计算公式推导如下。

已知，第 j 个范畴成员的典型程度为 s_j。假设范畴成员对原型构成的贡献度 c_j 与典型程度 s_j 成正比例关系，那么，贡献度 c_j 可以表示为：

$$c_j=\alpha\cdot s_j\ (\alpha\text{为常数项})$$ 式（2-10）

第 j 个范畴成员的贡献度为 c_j，所有范畴成员对原型构成积累的总贡献度 C 为：

$$C=\sum_{k=1}^{m}c_k$$ 式（2-11）

第 j 个范畴成员对原型构成做出的贡献在总贡献中所占比例 w_j，即原型权重系数用公式可表示为：

$$w_j=c_j/C$$ 式（2-12）

将式（2-10）与式（2-11）带入式（2-12），得到：

$$w_j = s_j / \sum_{k=1}^{m} s_k \quad \text{式（2-13）}$$

同时，由范畴成员权重系数的推导可知，当原型范畴内增加或减小 n 个范畴成员后，范畴成员个数 m 由变为 $m \pm n$。根据式（2-13），m 越大，原型成员对原型构成做出的贡献在总贡献中所占比例就越小，反之，m 越小，比例就越大。这意味着，原型范畴成员越多，由于部分范畴成员的加入或缺失而对其他成员构建原型的影响程度更小，其原型也就拥有更高的稳定性。而从原型构建的角度而言，原型的稳定性则表现为不同年龄、文化、地域或知识背景的人们所构建的原型具有较高的一致性。这一结论能够解释用户为什么可以对轿车、SUV、跑车等具有大量类型成员的车型达成类型认知的一致性。反之，范畴成员少则会导致原型的稳定性差。此外，根据式（2-13）还可知，典型程度 s_j 高的范畴成员比典型程度低的成员对原型构成的影响大。

产品造型原型及原型范畴变化的本质原因是范畴内成员的变化（增添或减少）引起范畴内部结构（成员分布情况及原型所在位置）的改变。由范畴成员的增加或退出，可以推测新兴原型范畴的产生或旧的原型范畴的消亡，即新产品类型的诞生或老产品类型的退出。而根据不同数量范畴成员以及增长类型（正增长或负增长）的原型范畴，也可以对不同时期（例如成长或成熟阶段）和特点（例如引领性或适应性）的产品类型发展情况做出判断。因此，基于范畴成员数量及分布情况对产品类型及其原型范畴进行分析的方法，在面对不同研究对象，及其不同时期、阶段都具有普适性。

2.3.4 范畴辐射模型的动态特征

范畴辐射模型说明，一个产品类型（原型范畴）必须存在范畴成员，且成员越多越具有稳定性。产品个体（类型成员）作为产品类型的基本构成单元，受到产品个体生命周期的影响，表现出具有周期性的发展规律，即产品生命周期（product life cycle，简称PLC）[156]。而产品类型作为产品的归属形式，也必将受到生命周期的影响。因此，基于产品个体的阶段性变化规律及产品的范畴辐射模型构成特点，本书将产品类型的原型范畴发展分为诞生、成长、成熟、衰退和离世四个阶段。

（1）诞生阶段

新兴产品的诞生是产品新类型出现的关键，而相似产品个体的聚集则为新产品类型诞生奠定了基础。随着新兴产品的造型、功能、技术等因素被效仿和追赶，更多类似产品逐渐投入市场，人们开始接触并认识到这些新的产品，产品类型原型范畴初步形成。手机（摩托罗拉Dyna TAC 8000X）、MPV车型（克莱斯勒Plymouth Voyager）、平板电脑（Grid System的GridPad）等产品类型都是以单个产品个体诞生为标志，并通过相似产品发展从而成为新产品类型的典型案例。

（2）成长阶段

类似产品数量的增多，增加了产品类型原型范畴内成员数量，范畴稳定性得到提升。在这一阶段，更多类似产品进入市场，扩充了人们已经形成的产品类型原型范畴。同时，新产品类型的概念逐渐被人们接受，但尚未被普遍使用，例如在汽车分类中，除常见的轿车、SUV、MPV、跑车等车型，还有CRV（City Recreation Vehicle，城市多功能休闲车）及SRV（Small Recreation Vehicle，小型休闲车）等新兴车型。这些新兴车型的成员数量都较少，其产品类型的原型范畴不稳定，使用程度也不高。

（3）成熟阶段

随着原型范畴成员数量进一步增加，产品类型进入成熟阶段。在这一阶段，范畴稳定性达到最高点，人们已经能够构建出清晰而稳定的产品类型原型，并在产品认知中发挥更大的作用。但同时，由于同类产品竞争日益激烈，各厂商为占有更多的市场份额，在产品造型、功能、技术等方面开始追求差异性，同类产品显现出多元化趋势。多元化促使范畴内典型和非典型成员间的差距被拉大，人们不仅可以感受到产品类型中典型或非典型成员的存在，还能够对彼此差距的大小做出判断。

（4）衰退和离世阶段

范畴内成员减少，范畴稳定性开始降低。在这一阶段，大量产品生命周期开始进入衰退阶段，产品逐渐退出市场，导致范畴成员数量减少。原型范畴的衰退，表现为现有产品分类解释显得不再适合，直接导致了此类产品类型使用频率降低。但是，范畴内成员作为一种对产品的心理表征，具有独立性和滞后性的特点，并不会立刻消失，因此，尽管产品类型可能已经退出了历史舞台，但其原型范畴还可能被延续下去。

综上所述，通过分析产品个体的生命周期，能够更好地了解并掌握产品类型的发展情况，并对产品原型范畴的生命周期及发展阶段有正确的认识和判断。其中，产品的社会性、文化性、技术性等问题对整个产品类型和原型范畴的发展产生了重要影响，而不同阶段的产品类型和原型范畴又表现出产品特有的人文、技术、工艺等特点，两者之间彼此关联。

2.4 本章小结

本章以类型认知与原型范畴研究为主，运用文献研究、描述性研究等方法分析总结原型范畴与产品类型的关系，研究产品造型的原型范畴特点及其作用机制。为第3章讨论造型认知过程与第4章、第5章的典型性实验及拟合模型构建提供了理论依据。

类型和分类体现了人们在事物认知过程中所采用的策略或思想，这种思想对面向类型的产品造型研究有着重要的意义。为适应更新更多情况，产品类型分化为彼此之间差别更小的种类。面对产品类型分化趋势，基于规则的分类方式在认知解释和知识推理方面表现出局限性，而基于原型的分类方式则表现出适用范围广、灵活度高等前者不具备的优势，为产品造型研究方法的创新提供了一条新的途径。

原型范畴与产品类型研究表明，产品类型的范畴是一种产品原型范畴。产品原型范畴是围绕产品原型构建的范畴形式，它以家族相似性维系，表现出模糊性和典型性，体现了人们对产品类型的心理表征方式。原型拥有范畴内大多数或全体成员都拥有的原型特征，是范畴中最具典型性的“成员”，而范畴成员则有隶属度之分，并表现出不同的类型典型程度。产品原型范畴的提出为面向类型的产品造型研究提供了基本的理论支持。

根据原型范畴与心理场的诸多相似点，以场的概念对原型范畴进行表征和分析，提出了原型的范畴辐射模型和原型权重概念。范畴辐射模型通过空间量值和范畴内成员分布情况，直观地表现了产品原型范畴的内部构成。原型权重以数学公式描述了原型范畴中不同范畴成员对原型构成的贡献程度，是对基于原型范畴的造型研究方法的核心思想反映。同时，范畴辐射模型具有动态性，其发展历程可分为诞生、成长、成熟、衰退和离世四个阶段。

第3章

汽车造型原型与其语义

本章将探讨造型认知现象下人们在面对外界视觉信息时，如何感知并做出相应的判断。文中特别提出了造型认知框架和汽车类型信息激活模型，并基于此模型，借助原型诠释了汽车造型认知过程在模型四个层面的运作机制，为随后的车型造型原型深入研究提供了理论依据。此外，本章还以SUV车型作为具体案例，为读者提供了语义提取的一套非常实用、可行且可靠的实践操作方法与流程。

3.1　造型认知

古人云："象事知器者，观其所象之事，则知作器物之方也。"中国古代的制器哲学中就有观器物之象，知作器物之方，强调器物造型表达内在构造与意义的观点。诺曼也认为，设计知识可以有外部世界的储存形式，外观造型就是产品信息和设计知识储存的主要形式之一。因此，产品外观造型不仅是一种单纯的形态，同时也反映出产品的功能、结构、使用方式等大量信息，而造型认知就是获取和加工造型信息的过程。

3.1.1　造型认知现象

人类拥有强大的视觉系统，能够整合视觉信息获得"有意义的图形"[157]。尽管知觉和感觉都是客观事物直接作用于感觉器官，在头脑中产生的对当前事物的反映[158]，但知觉的假设考验说则认为，知觉还依赖于过去的知识和经验，知觉信息是现实刺激的信息和记忆信息相互作用的结果。即人在知觉时，接受感觉输入，在已有经验的基础上，会激活一定的知识单元，形成对某种客体的期望。所以，基于视觉感知的产品造型认知过程应当至少涉及四个层面——造型实体层、感觉层、知觉层，以及知识和经验层。

造型实体层。产品造型是事物的客观存在，表现出产品造型的客观属性及特点，是整个认知的对象和前提。造型可以分解为几何特征、色彩、材质等实体属性。本书主要从几何特征角度研究造型的原型问题。

感觉层。感觉是脑对客观事物个别属性的反映。造型以视觉刺激的形式呈现，产生相应的视觉感觉，是造型由实体的客观形式转化为主观感受的过程。

知觉层。视知觉是脑对客观事物整体属性的视觉反映，是人对视觉信息的组织和解释。视知觉也是一种模式识别过程，即形之辨识[159]。模式识别的原型匹配理论认为，人的记忆是以原型存在的，原型匹配成功会激活对应的知识和经验。

知识和经验层。知识指人类在实践中认识客观世界（包括人类自身）的成果，经验也是一种知识。而类型作为表征知识的一种极为有效的方式，也属于一种非常重要且常见的知识和经验。

3.1.2　造型认知框架

综合前面关于类型、原型的理论讨论和造型认知四个层面之间的关系分析，本书提出一个基于视觉感知的造型认知框架（图3-1）。图中，“基于视觉感知”强调框架是以视觉信息加工为主；知识和经验层中的“类型信息”是指包含类别和分类意义的信息；知觉层中的“原型”是指人的记忆是以原型存在的，原型匹配成功会激活对应的知识和经验；“视知觉”是指脑对客观事物整体属性的视觉反映；感觉层中的“视觉信息”是指脑对客观事物个别属性的反

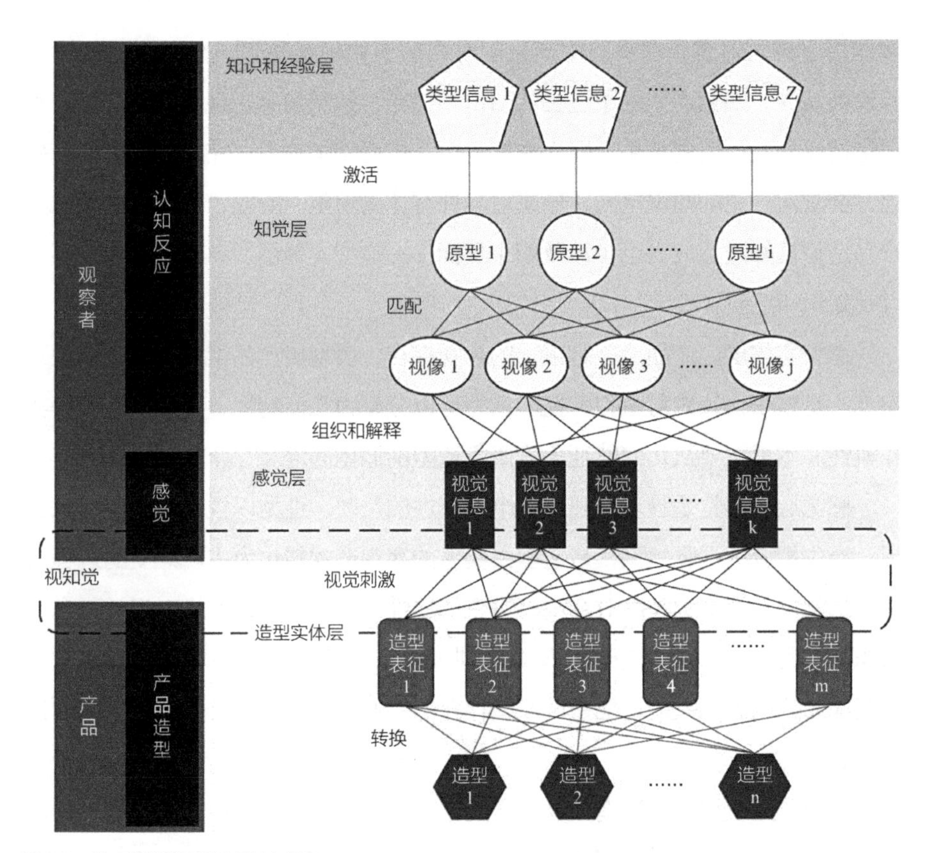

图 3-1　基于视觉感知的造型认知框架

映；造型实体层中的“造型表征”是指造型的客观属性和形式，而“造型”则是指客观存在的造型实体。

在图3-1中，造型实体层的造型实体具有多种造型属性和形式，例如造型线、造型面及造型关系；感觉层将造型属性和形式转换为感觉信息，即感官接受视觉刺激生成视觉信息；知觉层通过视觉信息的组织和解释，将造型视像与记忆中储存的原型进行匹配；而知识和经验层的类型信息是一种表征造型知识的方式，类型信息是在原型匹配时被激活的包含类别和分类意义的信息，人们通过获取产品类型的相关知识，完成对产品造型的认知。

3.2 汽车造型认知与类型信息激活模型

基于视觉感知的造型认知框架（图3-1），本节以汽车造型为对象，对汽车造型表征、汽车造型感觉、汽车造型知觉和汽车造型类型信息进行详细分析，并提出汽车类型信息激活模型。

3.2.1 汽车造型表征

造型认知框架中（图3-1），汽车造型以及汽车造型表征都是实体的、客观存在的，可以进行客观测量和定量描述，且不因人的改变而变化。造型实体层的造型表征形式有多种，例如造型线、造型面及造型关系。目前，汽车造型研究中最常用的有两种表征方式：特征线表征和特征关系表征。

特征线（character lines）表征。特征线表征是特征表征的一种途径，造型的几何特征具有点、线、面、体不同层次的特征表达形式。特征线不仅能表达汽车造型的物理属性（如结构线），也能表现汽车的造型风格，是一种有特定结构约束和造型内涵的构造线[160]。由于特征线具有操作性的优点，设计师会常用于搭建汽车造型的大致外观框架。图3-2中，奥迪A6汽车就可以由主特征线、过渡特征线、附加特征线三类特征性进行标注，可以为进一步的汽车造型特征研究和测量奠定基础。

特征关系表征。特征关系是指汽车造型特征之间的几何关系，几何关系也是造型的一种客观属性，如比例关系。特征关系表征是另一种汽车造型的表征方式，其特点是不直接描述特征本身，而是描述特征之间的关系。在汽车造型设计领域中，汽车造型特征关系表征主要包括空间比例、特征几何属性关系以及角度关系等。

3.2.2 汽车造型感觉

造型认知框架中（图3-1），感觉层将造型表征形式转换为感觉信息，即感官接受视觉刺激形成视觉信息。汽车造型的视觉信息是由于视觉刺激作用于

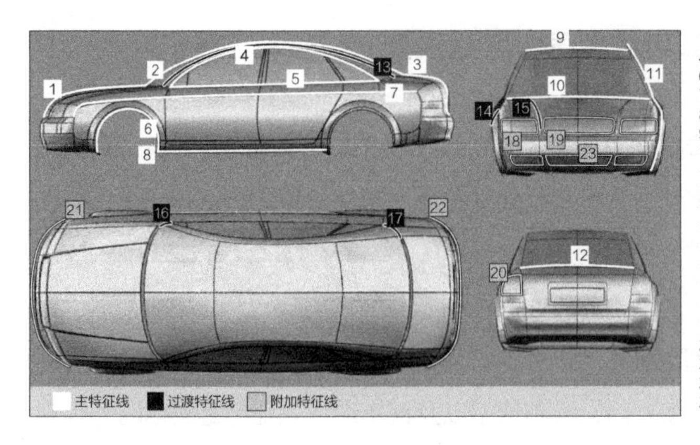

1、2、3 侧面顶型线，主特征线
4、5 车窗线，主特征线
6 轮罩线，主特征线
7 腰线，主特征线
8 侧面下沿线，主特征线
9 正视车顶线，主特征线
10 前挡风玻璃下沿线，主特征线
11 前视轮廓线，主特征线
12 后挡风玻璃下沿线，主特征线
13 侧围车顶过渡线，过渡特征线
14 轮罩弧线，过渡特征线
15 引擎盖折线，过渡特征线
16 A 柱下沿线，过渡特征线
17 C 柱下沿线，过渡特征线
18 前大灯轮廓线，附加特征线
19 进气隔栅轮廓线，附加特征线
20 尾灯轮廓线，附加特征线
21 前保险杠外缘线，附加特征线
22 后保险杠外缘线，附加特征线
23 格栅雾灯造型群轮廓线，附加特征线

图 3-2 奥迪 A6 的特征线分类示意图

眼睛，经过信息加工所产生的对汽车造型个别属性的反映，是对客观存在的汽车造型的直接反映。在感觉阶段，人们尚未对汽车造型引起的视觉刺激进行组织和整合，都属于直接的、初级的主观感受，尚未达到准确、完整认识整车造型的程度，但却为汽车造型的知觉信息形成提供了充足的感性加工材料，是整个汽车造型认知的基础和起始点。

汽车造型视觉信息对造型认知会产生重大影响，甚至可能出现“差之毫厘，失之千里”的造型认知结果。这是因为尽管不同造型实体存在差异，但某些视觉差异可能不易察觉。如图3-3所示，两辆SUV（2019款保时捷Cayenne Turbo Coupé 4.0T、2020款奥迪Q5L）的车高与车长之比分别为0.345和0.349，这种体量比例的差异性似乎难以察觉。并且，即使当人们察觉到了造型实体存在的差异（例如通过汽车设计参数值），也难以准确描述其感觉上的差异。这从一个侧面说明，仅仅通过感觉层或视觉信息来研究汽车造型是

图3-3 卡宴（左）与Q5L（右）的侧面造型对比

不充分的，还需要上升至信息加工、组织和整合的知觉层面。

3.2.3 汽车造型知觉

汽车造型认知框架中，知觉层有两个模块：一个是视觉刺激加工得到的“具体的像”，简称为“视像”；另一个就是原型。汽车造型认知过程是通过两个模块的匹配实现视知觉，并激活与原型相关的汽车类型信息，获取汽车造型的知识和经验，达到了解和把握汽车造型的认知目的。

汽车造型“视像”。感觉层中的视觉信息通过重新组织和综合，能够大致构建出汽车造型视觉的具体的像，本书简称为“视像”。汽车造型的视知觉是一个统一的整体，而不是作为一群个别的感觉[161]。因此，汽车造型的视知觉不是视觉信息的机械复合，而是通过原型匹配获得的完整视觉认知，包含整体造型和各部分比例关系，是一种能够对汽车造型进行完整描述，对造型形态整体的、综合的和有意义的特征进行把握，并具备研究价值和操作性的心理表征形式。

汽车造型原型。汽车造型原型不是对具体汽车造型的知觉反映，而是对众多造型的视知觉的高度概括。汽车造型原型存储在人的记忆中，在认知过程中被调用，与汽车造型视像进行匹配。这种匹配是基于相似性原则的非精确性匹配，只要视知觉视像与原型匹配近似即可。汽车知觉视像可能同时与多个汽车造型原型都存在不同程度的匹配度，当与其中一个造型原型的匹配程度远大于其他几个时，该汽车属于这一原型对应的车型，而当多个原型的匹配程度无明显差异时，则汽车造型存在所谓的跨界现象。

3.2.4 汽车造型的类型信息

造型认知框架中（图3-1），知识和经验层中的“类型信息”是指包含类别和分类意义的信息。类型信息可以指一类事物所特有的，用于定义或解释，以及由此能够联想到的相关信息或概念。例如“宝马汽车”的类型信息可以有“德国汽车”“高档汽车”等用于定义或解释认知对象的信息，也可以有“高品质”“操控感”等关联信息。这些类型信息以类似“信息包裹”的形式封装，当造型原型被激活，包裹内信息便会被调用，从而达到基于视觉感知的造型认知。

汽车类型信息特指包含了汽车类型或车型意义的信息，涉及汽车车型、价格、性能等，以及由某一类汽车引起的美学感受、态度或驾车体验等。以阿斯顿·马丁的V12 Vantage为例（图3-4），即使完全没有实际驾驶过，通过视像与原型的匹配加工，也会产生“豪华跑车”类型信息认知。“豪华跑车”类型信息中可能包括跑车造型特点、价格（350万元）、车速（330km/h）、品牌（阿斯顿·马丁）等相关信息。后续章节中，将通过汽车类型信息语义获取等实验，详细研究汽车的造型原型。

3.2.5 汽车类型信息激活模型

（1）类型信息的激活模型构建

造型认知框架中（图3-1），在知觉层与知识和经验层之间存在一种激活机制。所谓“激活”，是指基于激活扩散模型（spreading activation theory）[162]

图 3-4　通过阿斯顿·马丁的 V12 Vantage 的外观造型，可以估算其大概的豪华程度、马力大小等属性，这是因为类型在认知中起了一定的作用

的一种机制，其核心是激活以语义记忆形式储存的类型信息[163]。激活扩散意味着某一节点被激活，并扩散至其他与之联系的节点，而每个节点均储存有类型信息的语义。根据以上分析，本书提出汽车类型信息激活模型（图3-5），并在后续章节通过实验详细研究并加以验证。

汽车类型信息激活模型（图3-5）表示：汽车视像与汽车造型原型匹配，依据匹配程度产生相应的兴奋强度。视像与原型匹配成功则会激活汽车类型信息中的节点，一旦某个节点被激活就会沿着节点间的路径扩散。

（2）类型信息激活模型的模块分析

汽车类型信息激活模型由视像模块、原型模块和汽车类型信息模块组成。

视像模块。一切知觉经验都必定是某种分门别类的加工过程的最终产品[164]。这种分门别类的加工就是将

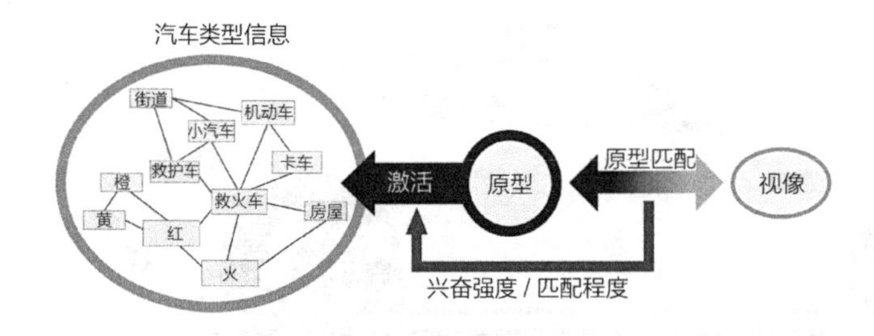

图 3-5 汽车类型信息激活模型

感觉信息组织到一起使人们能形成连续知觉的过程[165]。在这一过程中，汽车造型的视觉信息被组织并整合成汽车造型的视像，为原型提供了匹配对象。尽管汽车造型的视知觉为造型认知做好了准备，但斯雷德（S. Slade）认为完成汽车造型认知还需要知识和经验的共同协助[166]。

汽车造型原型模块。汽车造型原型与汽车造型视像的匹配程度超过某一“阈值”即匹配成功。视像与造型原型的匹配程度可以用典型性表示。依据典型程度人们能够对汽车造型在多大程度属于某一车型做出判断，并由此获取相应的汽车类型信息。

汽车类型信息模块。类型信息以类似“信息包裹”的形式封装，激活并调用的起始是源于造型原型匹配成功。因此，汽车造型的视像与造型原型匹配程度直接影响被激活并调用的汽车类型信息量。例如，一辆造型越近似于SUV车型原型的汽车，就能激活越多的SUV车型的汽车类型信息。

3.3 汽车类型信息语义获取

语义既是类型信息的一种记忆储存形式，也是语言形式所表达的意义所在[167]。由于语义反映了人们对产品造型的主观评价，因此在产品造型研究中占有重要的地位[167-171]。本节将以SUV车型作为实际案例，运用口语分析、文本预处理、词频统计的方法，对SUV车型的类型信息语义词汇进行获取，并对定义性语义和代表性语义进行区分。

3.3.1 车型的类型信息语义

汽车造型在最终完成之前，其几何特征仍会不断地修改和完善。而汽车语义，尤其是汽车的类型信息语义，早在设计初期就可以根据汽车开发计划书以及前期调研等方式得到。这些语义将贯穿于整个设计过程，对整个设计过程和结果产生巨大影响。

欧洲汽车生产商（包括宾尼法利纳、宝马和萨博公司）参入的欧共体Fiores-Ⅱ项目研究总结出六个用于描述汽车基本美学特性（aesthetic characters，AC）的语义词汇[172]，包括运动（sportiveness）、活力（dynamism）、优雅（elegance）、侵略（aggressiveness）、友善（friendliness）、稳定性（stability）。这些语义词汇与汽车车型具有明显的对应关系，具有类型的指向性。例如运动感更多体现在跑车类型上，活力则在轿车和跑车上更加明显，优雅主要体现在轿车上，家用型汽车更加友善，而稳定性则是所有商务车都具备的。简言之，汽车造型的美学特征对应于汽车车型，而汽车造型的语义词汇对应于汽车的类型信息。

根据原型特征的特点，汽车车型的类型信息可以有两类语义：定义性语义和代表性语义。定义性语义是指每个汽车类型成员都具备的共有语义。例如，每一辆跑车都具备运动感，那么“运动感”则属于跑车车型的定义性语义。代表性语义是指某一类车型的大多数成员都具备的语义，但不是所有成员都具备的语义。例如，“侵略性”是宝马、凯迪拉克轿车的车型语义，但并非所有轿车车型都具有“侵略性”。

3.3.2　车型类型信息语义词汇获取实验流程

车型类型信息语义词汇获取实验流程如图3-6所示，主要分为文本预处理和类型信息语义词汇获取两部分。

文本预处理部分又分为三个阶段：第一阶段，文本规则化。去除停用词，将自然语言信息进行文本规则化，以获取初级语义词汇。第二阶段，聚类处理。基于词汇间的关联度进行聚类处理，得到语义词汇类。第三阶段，语义提炼。提炼从而得到用于概括整个语义词汇类的概括性语义词汇。类型信息语义词汇获取部分包括两个阶段：第一阶段，语义筛选。根据语义词汇类中语义词汇的词频数，筛选排序靠前的概括性语义词汇作为车型的类型信息语义词汇。第二阶段，语义分类。基于语义跨度分析，区分车型的定义性语义和代表性语义。

图3-6　类型信息语义词汇获取流程图

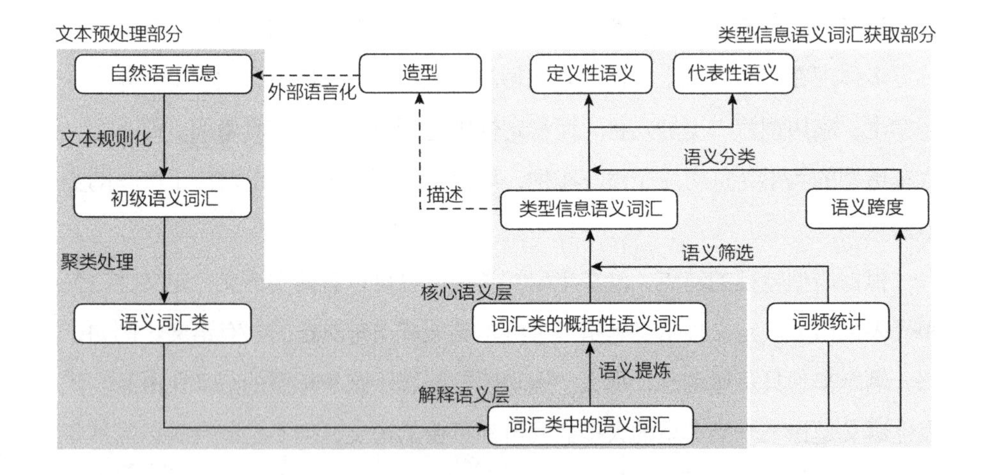

（1）文本预处理部分

根据口头报告与问题解决过程之间关系的不同，基于口头报告的研究方法可分为回顾法、内省法、提问提示法、出声思维法等[173]。综合研究具体情况，本书采取回顾法，以被访谈者对SUV汽车印象的回顾性文字记录作为口语报告。

被访谈者为对SUV汽车有大致了解，具备一定的车型相关知识，能够辨识几大基本车型的人员。围绕“SUV汽车给你一种怎么样的感觉”这一话题，通过现场或QQ、邮件等方式对被访谈者进行简短访谈，并对访谈内容进行文字性记录。访谈过程中要求被访谈者仅凭记忆对SUV车型进行描述，访谈过程中不得借助网络、书籍、图片等任何外界资料。访谈问卷采用开放式问卷形式，内容不做严格限制，可以涉及外形、内饰、价格、功能等内容，可以以自然句或短语、词汇形式进行描述，字数不做限制（建议在100字以上）。共收到30份访谈问卷回馈，其中有效口语报告28份、无效口语报告2份。

此外，因实验需要，特由6名成员组成焦点专家小组，专家小组成员均是具有3年以上汽车造型设计及研究经验的博士生，有着丰富的口语分析和汽车造型研究经验。

第一阶段，文本规则化。

口语报告属于开放型访谈形式，访谈内容多属于自然句形式，其中还包括很多语义上不完整的词句，或词句具有多义性、上下文相关性、模糊性、非系统性，并与环境密切相关、涉及的知识面广等特点。因此，需要对口语报告中的自然语言信息进行文本规则化处理，将短语、句子分割、转换为适合统计的文本形式，即词汇形式。经过文本规则化得到的词汇，包括名词、动词、形容词等实词部分及虚词部分，但高频虚词往往对语义提炼并无意义，需要对其进行过滤[174]。因此，具体操作包括[175]：去除文本格式标记，去除包括介词、冠词等语义内容很少或者是文本集的每个文本中都可能出现的对区分文本内容价值不大的停用词（stop word），把变形词复原为该词原来词干表示形式的词

（stemming）。中文不像英文，词与词之间没有明显的切分标志使中文文本分词更加复杂，例如“城市SUV具有较好的通过性”，划分为“城市SUV”还是“城市”和“SUV”更加合理，需要同时根据上下文、分词目的等进行权衡。此外，汽车语义词汇不仅包括形容词或形容词性的短语，还包括其他用于描述产品造型的非形容词性词汇。例如，“田园”“上山下水”“小资”“西服”等词汇，反映了用户对SUV在功能、用途等方面产生的印象，也是对汽车语义的表现。为使研究操作更加统一，易于操作，可将非形容词性词汇进行形容词化[176]，例如将“城市”“男性”转换为“城市化”“男性化”。通过焦点专家小组对文本自然语言文本的规则化，由28份有效口语报告得到SUV车型初级语义词汇共计501个。

第二阶段，聚类处理阶段。

从用户口语报告中获取的初级语义词汇，彼此间一般还存在明显的语义关联、语义冗余和语义重叠等现象，过多过杂且彼此间存在多种关联的初级语义词汇不仅不利于研究操作，也难以清晰、准确、直观地表达出造型的语义特征。从词汇概念角度来看，词汇间的关联性有相对、相离、相接、相交、重叠、包含六种基本关系[177]（图3-7）。按照六种关联度，将现有初级语义词汇进行聚类处理，可将大量单个语义词汇聚合为少数语义词汇类。例如，“强劲的”与“有力的”，“城市的”与“越野的”，“年轻化的”“时尚感的”与“阳光的”，由于彼此间存在包含或相离关系，可将其划分为一个语义词汇类。因此，根据词汇间的关联性，焦点专家小组将501个SUV车型初级语义词汇聚类为45个词汇类。

第三阶段，语义提炼。

聚类得到语义词汇类之后，对词汇类中彼此关联的语义词汇进行选取或概括。根据赵丹华博士的研究，产品造型语义词库由核心语义层和解释语义层两个层次组成[178]（图3-8）。其中，核心语义层是词汇聚类后每类语义范围中心的词，是最为肯定、最为简练的描述，具备共识性和完整性的语义，能够从认

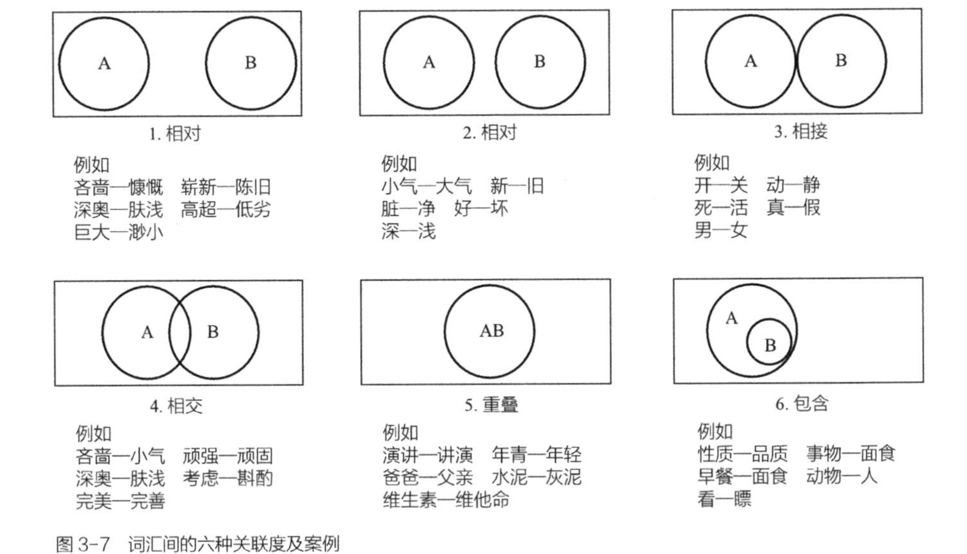

图 3-7　词汇间的六种关联度及案例

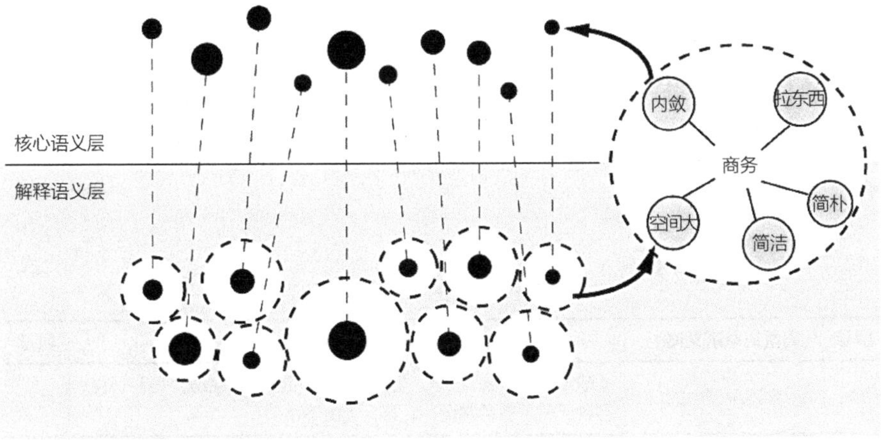

核心语义层
解释语义层
内敛
拉东西
商务
空间大
简洁
简朴

图 3-8　产品造型语义词库的层次结构

知的角度形成产品开发设计准则，评判设计提案的标准；解释语义层中的词汇则表现了每类语义的范围，并从语义的空间范围上反映了语义的跨度。因此，本阶段的主要任务是从解释语义层词汇，即词汇类的语义词汇中提炼出最具操作性、概括性、一般性的概括性语义词汇。

词汇类的概括性语义词汇可以选取词汇类中已经包括的词汇，例如，语义词汇类中有语义词汇“男人”“男性化”“爷们”“汉子”，则概括性语义词汇可选取“男性化”一词；也可以采用新词汇来进行概括，例如，语义词汇类有语义词汇“美女”“小家碧玉”“娇气”“甜蜜”，概括性语义词汇可以用“女性化”（不包含在词汇类中）一词作进行概括。值得注意的是，当语义词汇类中的语义词汇存在相对或相离关系时，概括性语义词汇适合取词对形式；只存在同义词或上下位词关系，取单个语义词汇形式则更为合适。

此外，概括性语义词汇还需按照词汇易于理解的原则进行文字调整，具体操作为：第一，采用较为熟悉的词汇替代较为生僻的词汇，如将“峥嵘”修正为“高大”；第二，替代具有贬义或不雅的词汇，如用“厚重”替代“笨重”；第三，调整部分词汇的语体色彩[179]，使词汇既通俗易懂、生动活泼、平易朴素，同时又不失庄重典雅、严谨精密，如用“曲”代替“弯”。

综上所述，由汽车类型信息语义词汇获取实验，得到28份有效口语报告，文本规则化共得到45个语义词类，初级语义词汇501个，如表3-1所示。

SUV车型的语义词汇　　表3-1

序号	类型信息语义词汇	解释语义层词汇	数量
1	全路况能力的	柔软沙地、陡坡、小坑、复杂地形、多路面、多路况、各种环境、各种天气、各种路况、旷野、上山下水	11
2	男性化的—女性化的	男人、男人、男人、男性、男人、女性化、男、爷们、女汉子、非女性化、非甜美、非女孩、男性、女性、男性、女性、非小家碧玉、哈维马丁内斯、男人、汉子、女性化、男人、纯爷们	23

续表

序号	类型信息语义词汇	解释语义层词汇	数量
3	霸气的	威猛、威猛、霸气、霸道、很猛、精悍、强干、强悍、纸老虎、放任不羁、霸气、霸气、霸气、狂野、猛虎、强势、气势、霸气、狂野、野马、气势、奔腾、霸气、野性、野性、野性、霸气、虎气、霸道、狂野、野性、霸气、不温驯	33
4	越野型的—城市型的	越野性、城市性、越野性、城市、越野、长途、特殊环境、偏越野、越野性、越野性、城市、城市、城市、城市、城市、城市、城市、跨界、越野、越野、越野性、非都市生活、越野、越野、城市	25
5	高大的	高大、高大、小型化、车顶面高、体量大、体量大、体量感大、大、块头大、高大、太大、高大、轮胎宽大、体积较大、高、非矫小、大、体积大、高大、体形大、空间大、空间大、空间大、大、高大、宽厚、大、大空间、庞大	29
6	硬朗—圆润	硬朗、硬朗线条、直线、方块、流线型、太方、工程感、饱满、圆润、硬朗、浑厚、流线型、流线型、棱角分明、线条感、流畅、硬、流线型、硬朗、硬朗、圆润、硬朗	22
7	（空间）大的	大空间、大空间、坐姿高、空间大、内空间大、坐姿高、姿态直立、座舱高、空间大、装载灵活、空间较大、空间大、空间充足、空间大、宽敞、能装	16
8	强劲的	强劲、动力、强大、动力、动力、强劲、力大、力量、力量极限、精力充沛、动力强劲、活力、充沛、力量、有力、强劲、有力、承载力	18
9	休闲的	休闲、休闲、休闲、工作与生活调剂、生活节奏、生活方式、休闲、好玩、轻松、随性、自由、小资、休闲、游玩、爱玩	15
10	刺激	非四平八稳、勇敢、探险、刺激、探索、散漫	6
11	（通过性）好的	离地间隙高、通过性、高油耗、底盘高、离地间距高、底盘高、通过性、通过性强、底盘高、离地角大、通过力	11
12	厚重的	厚重、体重、厚重感、笨重、厚实、笨重、厚实、敦实、轮辐厚实、厚重、笨重、厚重、沉重、沉重、敦实、厚重感	16
13	易于扩展的	附件、行李架、车顶行李箱、后自行车架、头灯、踏板、保险杠、覆盖件、脚踏板、轮胎、扩展性、扩展性、拖货、进气格栅、大灯、下保、公路胎、自行车、冲浪板	19
14	高傲的—亲和的	雄壮、豪气、公狮子、王者、浪漫、高傲、敬畏、邻家情感、老好人、拒人千里	10
15	气质	气质、绅士、心胸、沉稳	4

续表

序号	类型信息语义词汇	解释语义层词汇	数量
16	安全的	安全、安全、安全性、安全感、安全、安全感、安全、保护、安全感、安全感、安全感	11
17	造型丰富程度	丰富、变种、线条分明、简单、易懂、型面多样、简洁、压迫感	8
18	视觉协调性	好看、协调、赏心悦目	3
19	质量	质量可靠、踏实、稳定、经撞、可靠、可靠、可靠、可靠	8
20	豪华的	价格稍高、非奢华、越级价格、小钱、豪华、高端、高端、气派、气派	9
21	时尚感	年轻化、时尚、时尚、阳光、时尚、潮流、时尚	7
22	决断性	自强、果断、非蓄势待发、不含糊	4
23	大气的	大气、大气、大气、大气、大方、不小气、不够大气、大气、大气、大气、大气、大气、大气、大气、大气	15
24	高耗油性的	能源消耗、耗油量大、耗油、耗油、油耗、费油、耗油、大排量、大排量、费油	10
25	市场性的	市场潜力、占有率	2
26	实用性的	用途广泛、实用、务实、实用、多功能、多目的、多样性	7
27	粗犷的—精致的	粗犷、不细腻、粗犷、精致、精致、不粗犷、不精致、优雅、不精致、粗狂、不优雅、不精致、野性	13
28	适合情景	户外、户外、户外、户外、户外、户外、户外、户外、户外、野外、市郊、大自然、大自然、郊外、田园	15
29	个性的	独立、独立、个性、独特	4
30	张扬—低调	招摇、非哗众取宠、非立异标新、有格调、酷、凸显、张扬	7
31	轿车化的	轿车化、速度极限、轿车元素、轿车化、高速、差距大、第二台车	7
32	笨拙—灵巧	灵活、停车吃亏、转弯难、停车难、不好停车、占地	6
33	驾驶性的	驾驶感、征服、偏稳、稳定性	4
34	舒适的	舒适、舒适感、舒服性、非舒适、非安逸、舒适、舒适性、舒适、舒服、舒适性	10
35	车身比例	车头较长、车身较宽、无车尾、长宽比例小	4
36	运动感的	运动、运动型、运动、运动、运动感、运动、运动员、动感、运动感、运动、动感、运动	12
37	易维护的	易保养、（不）易脏	2

续表

序号	类型信息语义词汇	解释语义层词汇	数量
38	有幸福感的	快快乐乐、幸福、一家人	3
39	商务感	严谨、正式、私密、西装	4
40	能源性的	电动、混动车、绿色能源化	3
41	视野性的	视野开阔、视野、俯视	3
42	具有功能性的	自驾游、郊游、约会、菜车、坐骑、多元化	6
43	强壮的	强壮、肌肉男、强壮	3
44	乘坐性的	上下费力、长时间乘坐	2
45	有声响的	声音大	1
总数			501

（2）汽车类型信息语义词汇获取

第一阶段，语义筛选。

词频较为客观地反映了各语义在人们内心感受中的强烈程度，是获取汽车类型信息语义词汇的重要依据。因此，依据词汇类中语义词汇的词频数，可以对概括性语义词汇在车型表达中的重要程度进行排序。根据焦点专家小组的综合考虑，选取词频数在10以上的概括性语义词汇作为SUV车型的类型信息语义词汇，共计20组，如表3-2所示。

SUV 车型的类型信息词汇　　表 3-2

序号	初级语义词汇数量	描述对象	核心语义词汇	语义跨度
1	33	气势	霸气的	小
2	25	越野性	越野型的—城市型的	大
3	29	体量感	高大的	小
4	23	用户性别	男性化的—女性化的	大
5	22	硬朗程度	硬朗的—圆润的	大
6	19	可扩展性	易于扩展的	一致
7	18	动力性	强劲的	小

续表

序号	初级语义词汇数量	描述对象	核心语义词汇	语义跨度
8	16	内室空间	（空间）大的	一致
9	16	厚重感	厚重的	一致
10	15	生活态度	休闲的	中等
11	15	气度	大气的	一致
12	13	粗犷程度	粗犷的—精致的	大
13	12	运动性	运动感的	一致
14	11	适用路况	全路况能力的	中等
15	11	通过性	（通过性）好的	一致
16	11	安全性	安全的	一致
17	10	亲和度	高傲的—亲和的	大
18	10	价格	豪华的	小
19	10	油耗程度	高耗油性的	一致
20	10	乘坐舒适性	舒适的	一致
总计				329

第二阶段，语义分类。

车型的汽车类型信息语义包括车型的定义性语义和代表性语义。两种语义可以通过词汇类中语义词汇彼此的关联性大小，即语义跨度进行区分。词汇类中语义词汇间无明显语义跨度，说明此汽车类型信息语义是每个车型成员都具备的共有且无差异语义，属于定义性语义。存在语义跨度则说明，此汽车类型信息语义在各车型成员中存在差异，属于代表性语义。代表性语义作为汽车类型信息语义的重要组成部分，不仅反映了SUV车型所具有的语义特征，也反映了同类车型间的造型差异。

在词汇类中，语义词汇彼此呈重叠关系，语义跨度级别为“一致”。例如，“厚重”“敦厚”“浑厚”呈重叠关系，无明显语义跨度。呈相交或包含关系，语义跨度级别为“小”。当差异性较明显，语义跨度级别为“中等”。例如“庞大”“高大”“不小”“大体积的”均反映了车型体量的高大，彼此呈包含关系，并存在较小的语义跨度，跨度可被标注为“小”。呈相对、相离、相接关系，语义跨度级别均为“大”。例如，“城市”“郊游”“越野型”等词汇间表现出较大的语义跨度。当语义跨度级别为“一致”，本书认为此汽车类型信息语义属于车型的定义性语义，而“小”“中等”“大”三个级别存在语义跨度，属于车型的代表性语义。

根据以上分析，20组汽车类型信息语义词汇根据语义跨度被分为4个级别：“大”“中等”“小”“一致”，如表3-2所示。例如，第5组中，对“硬朗—圆润”的语义解释层有“硬朗”“方块”“太方”“工程感”等表示硬朗感觉的语义词汇，同时也包括“流线型”“饱满”“圆润”等有圆润之意的语义词汇，两类词汇语义彼此相对或相离，语义跨度处于“大”级别；第10组中，“休闲”“好玩”“轻松”“随性”“自由”“小资”等语义词汇都在不同程度上表现出休闲之意，语义跨度属于“中等”级别；第2组中“威猛”“霸气”“霸道”“强悍”等语义词汇，均体现出霸气之意，尽管语义词汇彼此相近，但仍存在一定程度的差异，语义跨度为“小”级别；第11组中，仅出现“大气”“大方”两个语义词汇，其中“大气”一词有9个，且两词所表达意思非常相似，无明显语义跨度，属于“一致”级别。

20组汽车类型信息语义词汇中，有“大”级别概括性语义5组，“中等”级别概括性语义2组，“小”级别概括性语义4组，“一致”级别概括性语义9组。这说明被访谈者对SUV车型在可扩展性、内室空间、厚重感、气度、运动性、通过性、安全性、油耗程度、乘坐舒适性方面有较为一致的认同感，被访谈者对SUV车型在这几个方面的感受强度没有太大差别；在气势、体量感、动力性、生活态度、适用路况、价格方面，被访谈者存在一定认同差异性，感受强度介于“没有感觉”和“最强烈”之间；而在越野性、用户性别、硬朗程度、粗犷程度、亲和度方面，被访谈者的认同差异性较大，对SUV车型所产生的感受分布于汽车类型信息语义词对的两端语义之间。因此，根据语义跨度级别，汽车类型信息语义词汇可分为9组车型定义性语义词汇和11组车型代表性语义词汇（表3-3）。车型的代表性语义比定义性语义对同车型造型的差异更加具有敏感性，而定义性语义在车型比较时才会有明显表现。两种语义词汇为汽车造型设计或提案评判提供了一套易于操作的语义描述工具，设计师或研究者可以根据不同的目的选取使用。

SUV 车型代表性语义词汇表　　表 3-3

语义 1	越野型的—城市型的	语义 7	休闲的
语义 2	男性化的—女性化的	语义 8	霸气的
语义 3	硬朗的—圆润的	语义 9	全路况能力的
语义 4	粗犷的—精致的	语义 10	高大的
语义 5	高傲的—亲和的	语义 11	强劲的
语义 6	豪华的		

3.4 本章小结

本章以汽车造型认知过程研究为主，运用文献研究和实验分析方法分析总结汽车造型认知过程，研究汽车造型类型信息的储存、激活及获取方式与特点。并以SUV车型作为案例，提取了SUV车型的类型信息语义词汇，为第4章的汽车造型原型表征做好了准备。

产品外观造型承载了大量的产品信息，因此，产品造型的认知过程就是产品信息的获取和加工的过程。基于产品造型认知过程的四个层面，本章构建了基于视觉感知的造型认知框架，以说明原型在造型认知中的作用以及与视像、类型信息的关系。

基于视觉感知的造型认知框架，分析了汽车造型表征、汽车造型感觉、汽车造型知觉和汽车造型类型信息四个层面，并结合原型匹配理论和激活扩散模型理论，提出汽车类型信息激活模型。汽车类型信息激活模型由视像、原型和汽车类型信息三个模块组成，解释和描述了汽车类型信息的存储、激活、获取方式与特点。汽车类型信息激活模型的提出，为车型类型信息获取研究提供了的理论依据。

车型与类型信息语义研究表明，汽车的类型信息语义贯穿于整个设计过程，对整个设计过程及结果产生了巨大影响。车型的类型信息语义词汇作为一种语言表达形式，反映了人们对某种车型造型的主观评价。本章以SUV车型作为具体案例，通过汽车类型信息语义词汇获取实验，运用口语分析法、文本预处理、词频统计，获取了20组SUV车型的类型信息语义词汇；根据其语义跨度，划分为SUV车型的9组定义性语义词汇和11组代表性语义词汇。

第4章

汽车造型原型表征

为获取汽车造型原型的视觉表征，设计了一套实验。实验以SUV车型为例，从车型、个体（范畴成员）、造型特征三个层面，对样本族群、样本个体及特征等问题进行了分析，并基于分析推导概括了SUV车型造型原型的视觉表征。此外，本章最后还借助第3章的语义结论，获得了人们对SUV车型代表性语义的期望值。实验设计可以详尽展现原型理论是如何运用在造型设计认知研究中的。

4.1 车型造型研究

4.1.1 汽车车型及其车型造型认知

车型是以汽车的功能、用途和相应结构形式为基础的一种分类。在造型上，车型类型直接反映了汽车结构布局与汽车造型的映射关系[180]。依据车辆的底盘、尺寸、功用、性能、售价、排气量等属性或参数对汽车进行分类，并为每个类型区间的汽车定义了一个类型符号，称为“车型”。

汽车设计是约束下的创新活动[181]。对于汽车造型，车型既是一种工程性约束，又是一种造型风格。车型本身与用户就存在着一种审美关系，影响着汽车造型的识别和解释，是用户认知解释的关键因素[182]。同时，车型造型是各种因素相互作用的一个均衡点，任何设计策略的改变都将导致均衡点的变化[183]。例如，轿车要求兼顾较好的操控性和舒适性，不能一味追求操控性而缩短轴距、降低车高，或为提高舒适性而增加车长、车高和轴距。而SUV，尤其是城市SUV在具备良好通过性和乘坐空间的前提下，舒适性和气动性能也非常重要。因此，这种设计的所谓均衡点其实就导致了车型成员的造型彼此均存在较多的相同或相似点，形成了车型造型。按照原型范畴的观点，车型造型就是车型造型原型的原型实例，表征了一类车型中最具典型性和代表性的造型。

根据造型认知框架（图3-1），当人们审视汽车造型获得视像时，会自动调用造型原型并与之匹配，通过匹配程度获取不同车型的类型信息，通过以往对车型的认知，转而达到对对象汽车的初步认知。车型的类型信息由构成原型范畴的各成员提供，因此，汽车车型造型研究是汽车车型造型原型及其范畴研究的途径。

4.1.2 车型造型原型及其范畴的实验研究思路

本书对车型造型原型及其范畴的基本实验研究思想是：第一，根据个体造型的类型归属程度，以及对汽车造型间产生差异性或共性的原因进行分析，获取有价值的车型造型信息；第二，车型造型原型的获取和表征重点在于，能够准确掌握和描述整个类型和类型成员的特点以及彼此间的关系。

本书对车型造型原型及其范畴的实验研究理论前提是：第一，造型原型具有一般性、概括性和代表性等特点，是汽车造型知识理想的表征方式之一；第二，造型原型向上衔接汽车的类型信息，向下匹配对象汽车的视像，是汽车造型认知承上启下的重要中介。

综上所述，本书提出综合三个层面分析的研究范式（图4-1）：车型层面，以汽车聚类的结果、过程及特点作为主要研究对象；个体层面，以汽车个体之间的造型差异及差异程度作为主要研究对象；特征层面，以汽车造型特征与聚

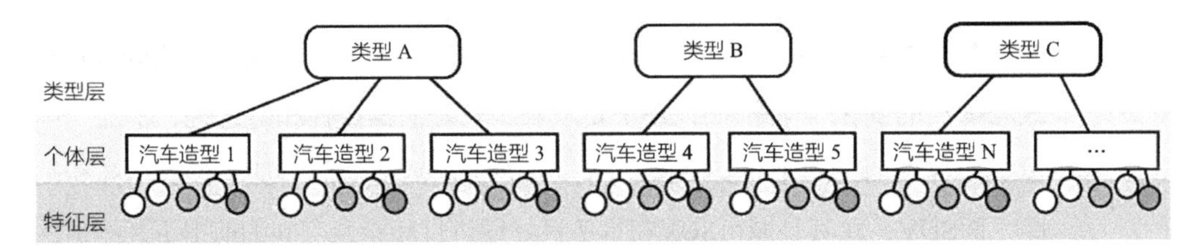

图 4-1　汽车造型的三个层面

类趋势的关系作为主要研究对象。

值得注意的是，车型造型的原型范畴是由汽车个体（成员）构成的，不同造型的汽车个体在范畴中处于不同的位置，汽车个体构成了车型原型范畴的基本单位（参见图2-24，范畴辐射模型）。因此，对车型层面的研究意味着是对汽车聚类的结果、过程及特点的研究。同样，汽车个体造型具备独立性，包含品牌、风格、车型意象等汽车造型信息，能够作为一个完整的造型研究对象。因此，对个体层面的研究意味着是对汽车个体的造型差异及差异程度的研究。再者，汽车个体造型具有各自的特征，整体造型与造型特征之间存在整体与局部的关系。研究认为，整体认知不受特征影响，但特征观察受整体特征影响[184]。因此，对汽车造型特征的研究是基于整车造型的特征研究。此外，特征研究不仅包括对特征形态的研究，还包括对特征关系的研究，特征关系对正确而全面地了解特征有着重要作用[185]。

4.2　典型性测试实验

由第3章的研究可知，视像与造型原型的匹配程度可以用典型程度表示。那么，通过测量汽车视像与车型

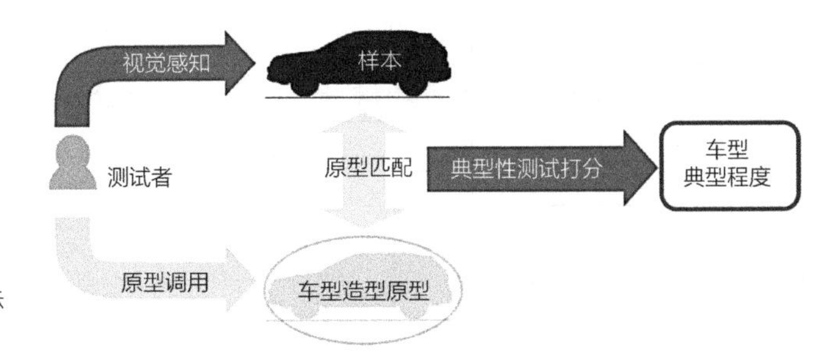

图 4-2　典型性测试原理示意图

造型原型的匹配程度，可以得到对象汽车的车型典型程度，如图4-2所示。这是一种基于原型匹配理论及原型理论的心理测试，可用于测试其他造型类型的典型程度，其研究方法及结果具有普适性。本书以SUV车型作为具体研究对象，通过对测试数据的统计及分析，研究车型、汽车个体、特征等问题，完成对SUV车型造型原型的获取和表征。

4.2.1　测试及分析流程

SUV车型的造型原型获取与表征实验流程分为汽车造型样本筛选、典型性测试和原型构建三个阶段，图4-3是整个流程的研究框架。

第一阶段，样本筛选。根据研究目的、研究范围和研究对象，对所有样本进行一次初级筛选，目的是缩小样本量，提高测试的效率。通过对官方定义的SUV车型的观察和分析，归纳总结出SUV车型的基本形态关系。基本形态关系具有较高的抽象性，能起到适度的非精度筛选作用，在缩小样本量的同时保证样本的广度。本书测试采用汽车侧面轮廓剪影图，暂不考虑腰线、窗线等特征。典型性测试问卷根据测试内容及被试者的评分习惯，采用10分制。

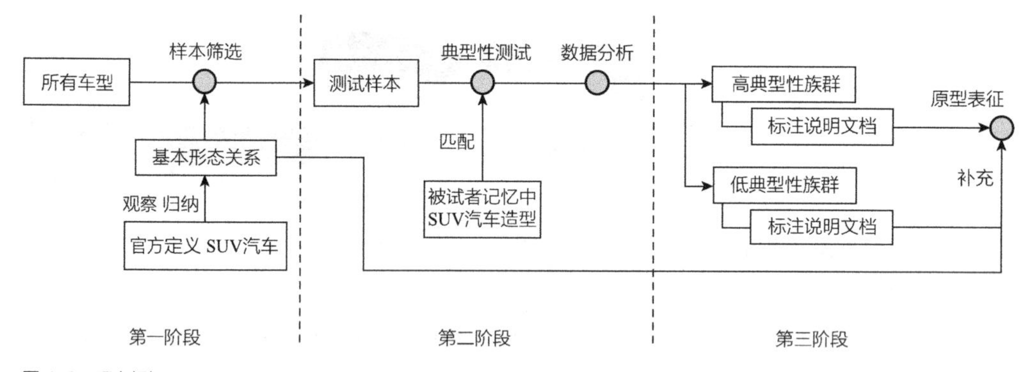

图 4-3 研究框架

第二阶段，典型性测试与数据分析。按照文献［87］中实验的测试方法，被试者对照测试样本的侧面整体轮廓图，根据第一印象对样本的SUV典型性进行判断，并打分。每个测试图打分时间控制在较短时间内（5秒左右）。打分完毕后，要求被试者对“之所以给较高（或较低）典型性分数”的原因做简短说明。聚类分析使用SPSS软件，聚类方式采用动态聚类分析，导入数据计算得到表示样本典型性的“系统聚类树状图”，通过观察树状图聚类以及数据分析情况，对SUV典型或非典型族群进行判定。最后，统计典型SUV族群样本中造成“像典型性SUV的原因”，以及非典型SUV族群中被标注造成“不像SUV的原因”的特征和被标注次数。

第三阶段，原型构建。基于实验数据及回溯分析，提取、简化、拆解、分析和重构车型的高典型样本，以视觉模式图和特征集方式对车型造型原型进行表征。由于本次测试属于小范围测试，被试者和样本数量均较少，如果仅考虑SUV典型性族群样本情况，可能会遗漏重要信息，因此本书还将考虑对非典型族群样本特征情况进行分析，补充和完善造型原型，完成SUV车型造型原型的获取和表征。

4.2.2　测试样本筛选

焦点小组（三位具有多年汽车造型设计经验的设计师和两位汽车机械专业工程设计师）通过分析近百辆各大品牌企业官方定义的SUV汽车，确定所有SUV汽车一定具有明显的发动机舱和乘员舱两个区域，即“2 BOXES”样式（图4-4）。2 BOXES样式是SUV车型侧面的基本结构关系，属于定义性特征。值得注意的是，2.5 BOXES（掀背或溜背式）是一种介于2 BOXES与3 BOXES之间的造型状态，本书也将其划入样本选择范围。因此，SUV车型的基本结构关系定义修正为：非“3 BOXES”样式的乘用车。至此，可以剔除例如超级跑车、敞篷跑车、两厢式轿车等乘用车，选取出符合基本形态关系的测试样本。

经过样本筛选，确定36个测试样本，所有样本资源来源于著名荷兰三视图网站The-Blueprints.com。样本

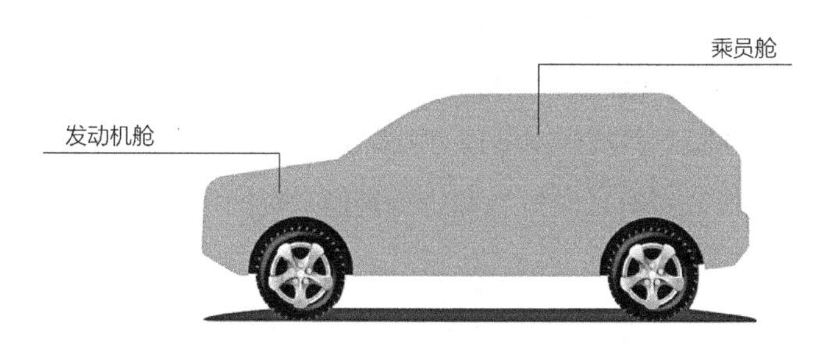

图 4-4　SUV 基本形态关系

中官方定义为SUV车型的有22辆，其他有MPV、两厢式轿车等共14辆，涵盖欧美日各主要品牌。典型性测试试卷共6页，每页包括6辆汽车样本的侧面剪影图，如图4-5所示。一共有34位被试者参加测试，包括汽车造型设计或汽车工程背景的8位博士生和15位硕士生，以及汽车用户7位，共计32位。

测试人群的选择，意味着实验最终将获取这一人群对此类车型的造型原型。因此，实验可根据其目的性筛选被试者。例如，如想获取中年男性的SUV车型造型原型，则应当选取30～50岁的男性被试者，即典型性测试实验的被试者是属于有条件性选择的。但根据第2章中对原型范畴稳定性的推理，范畴成员（类型个体）越多则原型范畴（类型）越稳定，获取的造型原型具有更好的一致性，由于被试者选择不同而造成的差异越不明显。

4.2.3　测试宣读及结果

在典型性测试开始前，首先向被试者宣读说明事项，宣读内容如下。典型性测试试卷宣读及内容如图4-5所示。

典型性的意思是：样本与你心目中认为最典型的SUV汽车的相似程度有多大。“10”为完全一致，“0”为完全不相似，分数越大说明相似度越高，允许打分到小数点后一位。

打分前，请快速浏览一遍所有样本。打分时请凭第一感觉，不宜过多考虑。建议每个样本打分时间控制为5秒左右。

样本打分完毕后进行标注，以说明“为何打这个分值”（打分期间不做考虑）。每个样本均可以进行多处标注，如对某一样本无想法可以不必标注。标注对象为“像典型性SUV的原因”和“不像SUV的原因”。标注方式不限，可采用直接对测试样本进行勾画或文字描述。

被试者有疑问可当即进行询问，询问时测试暂时中止，询问结束后重新开始。

典型性测试结果如表4-1所示（详见附录A）。

典型性测试分　　表 4-1

	测试者 1	测试者 2	测试者 3	测试者 4	…	…	测试者 31	测试者 32
样本 1	1.3	2	7.4	2	…	…	4	1
样本 2	1.5	6.9	3.5	6.5	…	…	7	3
样本 3	1.2	3	4.6	5	…	…	5	6
样本 4	6.2	8	7.6	8	…	…	5	7
样本 5	7.7	4	8.7	4.5	…	…	5	9
样本 6	5.8	7	6.7	5	…	…	6	5
…	…	…	…	…	…	…	…	…
…	…	…	…	…	…	…	…	…
样本 35	1.3	3	7.6	2.7	…	…	3	2
样本 36	1.6	1	3.4	0	…	…	3	0

测试说明事项如下：

1. 典型性测试的意思是：样本与你心目中认为的典型SUV汽车，相似程度有多大。“10”为完全一致，“0”为完全不相似，分数越大说明相似度越高，允许打分到小数点后一位。
2. 凭第一感觉打分，不宜过多考虑。（每个样本打分时间控制为5秒左右）
3. 样本打分完毕后进行标注和说明，打分期间不做考虑。（每个样本都可以进行多处标注，如对某一样本无想法可以不必标注）
4. 被测试者有疑问可当即进行询问。

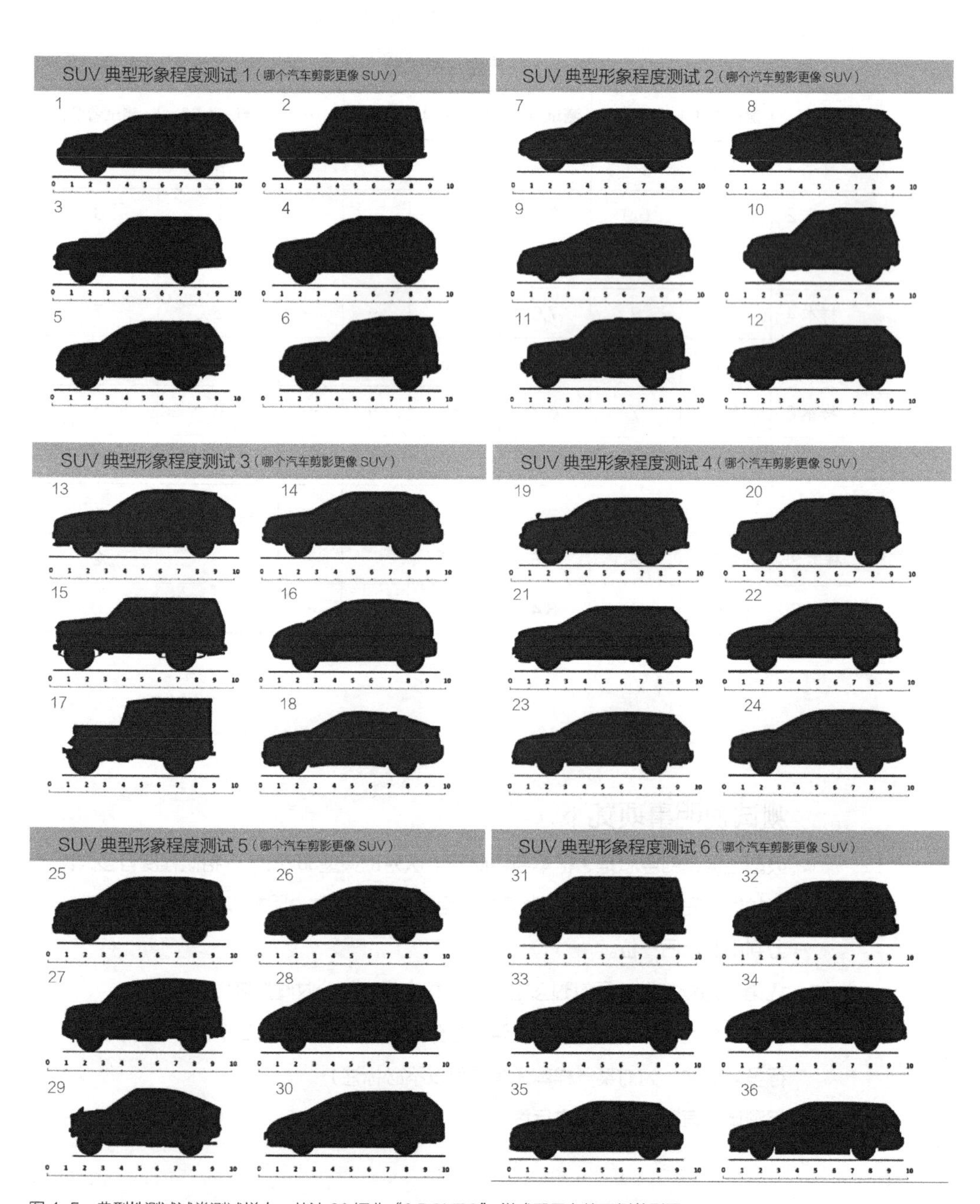

图 4-5 典型性测试试卷测试样本，共计 36 辆非“3 BOXES”样式乘用车的正侧剪影图

4.3 实验数据分析

SUV车型的典型性测试提供了用于造型原型分析和研究的数据。按照车型造型原型及其范畴的研究范式，数据分析分为样本族群分析、样本个体分析、回溯统计及特征分析三个部分。

其中，高典型性样本是更有代表性的原型实例，因此，通过族群分析和样本个体分析找到高典型样本，是SUV车型造型原型获取的关键。但造型原型不等同于具体的高典型成员，还需通过对特征进行分析，对高典型成员进行简化、拆解、分析和重构，以获得造型原型。

4.3.1 样本族群分析

将典型性测试的打分结果进行系统聚类，聚类方法选择组间连接，度量标准默认为“平方Euclidean”，得到表示样本侧面造型典型性的“聚类树状图”（图4-6），聚类树纵轴代表36个样本，横轴代表两个子节点之间的距离。树状图反映了聚类的全过程，样本随着迭代次数的增加逐步合并。由树状图可以看到，当子节点距离为20时，36个样本聚集成三个族群，而当子节点距离为22时，样本聚集成两个族群，通过不同的取法能够获得不同类型的划分结果。根据树状图所提供的分类型信息，对可能划分的几种汽车族群方式，即从两个族群到三个族群，再到n个族群情况下的分类型信息进行逐步分析。

情况一：2组族群。

迭代次数达到22次之后，聚类树形成两组族群，族群一包含有样本13、14、7、21、23、12、22、24、8、33、4、5、25、10、11、6、15、20、19、27、2、3、17号，共23个样本；而族群二包含有样本28、31、30、26、32、34、36，9、35、1、18、16、29号，共13个样本。

族群一中，官方定义为SUV车型的样本有20个，非官方定义为SUV车型的样本仅有25、27、33号3个，前者占87%；族群二中，官方定义为SUV车型的

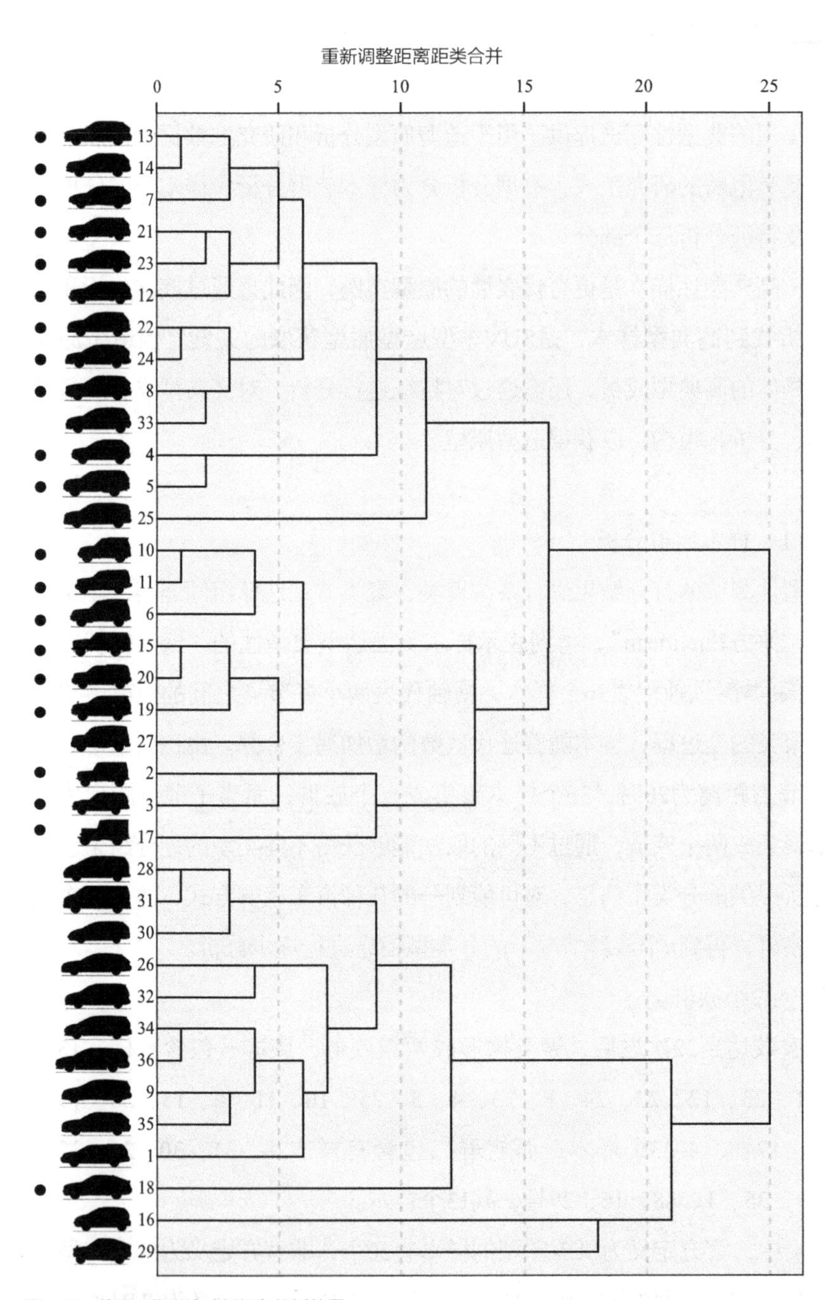

图 4-6 使用平均联连（组间）的树状图

样本只有18号，非官方定义为SUV车型的样本有12个，占族群总数的92%。因此，在分为两组族群的情况下，样本可以分为SUV车型的高典型性族群和低典型性族群。

情况二：3组族群。

迭代次数达13次之后，样本已经显现出明显的三个族群，族群一包括13、14、7、21、23、12、22、24、8、33、4、5、25号共13个样本；族群二包括10、11、6、15、20、19、27、2、3、17号共10个样本；族群三包括样本28、31、30、26、32、34、36，9、35、1、18号共11个样本，在22次后才与族群三聚合。

当样本分为3组族群时，族群一多为官方定义的城市SUV汽车样本，因此可定义为城市SUV族群；族群二主要包括具有越野性的SUV汽车或传统越野车样本，可定义为越野汽车族群；族群三多由官方定义的非SUV车型样本组成，可定义为SUV非典型性族群。

情况三：3组以上族群。

将迭代次数向前推移，对样本继续进行细分。如果继续对情况二中的第一族群进行分解，将会出现单个样本成为一类的情况，没有实际意义，因此将继续保持第一族群现有状况。根据族群二的节点的类间距离，如图4-7所示，节点a、b与节点c、d间的距离节均大于点e、f间的距离，说明这一族群的两个子族群具有较高的独立性，依然适合继续分解。但样本10、11、6、15、20、19、19、27号与样本2、3、17号组成的两个子族群，其族群的造型特点已不再鲜明，从造型角度而言不适于作为独立的族群存在。族群三可能由两个子族群聚类而成，子族群一包括样本28、31、30、26、32、34、36、9、35、1、18号，暂取名为“非SUV典型族群”，另一子族群二只包括样本16、29号。其中，子族群二中，子族群二样本量少，仅有2个，样本16、29号迭代至18次后才聚为一类，说明样本16、29号彼此间的相似性不是很高。从树状图节点的类间距离来看，也不是很理想，子族群样本16、29号也难以对所在族群进行概

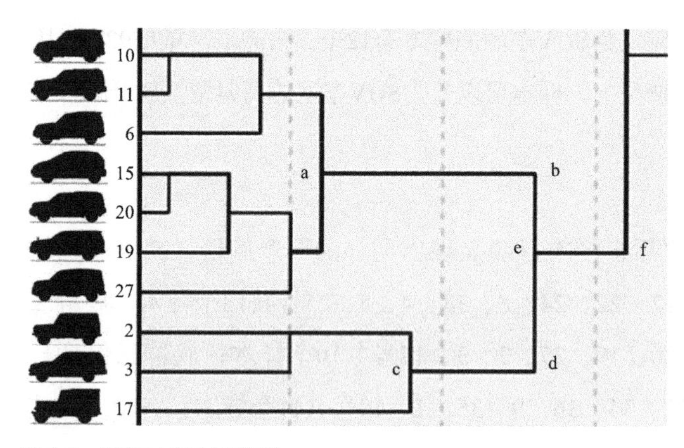

图 4-7 族群二中各节点示意图

括和说明。所以本书认为样本16、29号在聚类中存在特殊性，更适于作为特殊样本而不是子族群对待。因此，从统计和实际分析两个方面综合考虑，样本已经不再适合分化为更多类型，样本族群初步分析步骤结束。考虑到21次聚类迭代之后，前两族群已经聚合为一类，因此此处取迭代次数为15时，情况二中的低SUV典型族群由SUV非典型族群与样本16、29号两个特殊样本组成。

综上所述，经过典型性测试对样本族群进行初步分析，能够得到两种分类的情况：情况一，两个族群——SUV车型的高典型性族群和低典型性族群；情况二，三个族群——城市SUV族群、越野汽车族群、SUV非典型性族群，此外还包括两个特殊样本。

4.3.2 样本个体分析

样本个体分析主要通过分析样本典型性得分的均值、标准差、极小值、极大值（表4-2）以及对应样本的造型特点，以获取构建车型造型原型所需的相关信息。其中，均值计算的重要性在于能够判断典型程度最高的样本，为SUV车型造型原型的获取及表征提供最为重要的原型实例。标准差作为数据分布情况的一种测量方式，可用于检验各个样本的典型性得分离散程度，以确定样本在认知中是否具有良好的稳定程度。在典型性测试中，如果某个样本得分的标准差较小，则说明各个被试者对它的辨识无太大差别，具有较高的一致性。

样本个体描述统计量　　表 4-2

样本	极小值	极大值	均值	标准差
样本 1	0.00	8.70	3.2559	2.51712
样本 2	0.00	10.00	5.1882	2.95130
样本 3	0.00	9.00	5.3912	2.26881
样本 4	2.50	10.00	7.5029	1.66797
样本 5	3.20	10.00	6.9882	1.97312
样本 6	2.50	10.00	6.2941	1.91658
样本 7	0.00	10.00	5.3706	2.40171
样本 8	0.00	10.00	6.3676	2.25304
样本 9	0.00	7.80	3.6324	2.30713
样本 10	0.00	10.00	6.0529	2.26184
样本 11	1.50	10.00	6.2588	2.31989
样本 12	0.00	10.00	5.3353	2.61440
样本 13	0.00	10.00	5.4706	2.30737
样本 14	1.00	10.00	5.3941	2.46858
样本 15	0.30	10.00	5.5853	2.70680
样本 16	0.00	10.00	3.7647	2.97748
样本 17	0.00	10.00	3.8176	3.21949
样本 18	0.00	9.00	2.8412	2.95841
样本 19	3.00	9.00	6.3176	1.70035
样本 20	1.00	9.00	5.5000	2.14038

续表

样本	极小值	极大值	均值	标准差
样本 21	1.00	10.00	5.5529	2.30273
样本 22	3.50	10.00	6.6088	1.74501
样本 23	1.50	10.00	5.0206	2.36012
样本 24	1.40	10.00	6.2059	2.22683
样本 25	0.00	9.00	4.8588	2.42951
样本 26	0.00	9.50	2.9088	2.50386
样本 27	1.00	9.90	4.9500	2.55915
样本 28	0.00	8.00	2.0029	1.93680
样本 29	0.00	10.00	3.8971	2.67259
样本 30	0.00	6.30	2.4324	1.93731
样本 31	0.00	6.00	1.5794	1.58282
样本 32	0.00	8.00	3.5294	2.44547
样本 33	1.00	10.00	6.0735	2.22293
样本 34	0.00	7.60	3.3265	2.33190
样本 35	0.00	9.00	4.1294	2.52317
样本 36	0.00	7.80	2.8382	2.40215
有效的 *N*：34				

由样本与样本均值折线图能够较为直观地看到族群与样本均值的关系。如图4-8所示，典型性均值较高（大于5分）的除样本33号外，均属于官方定义的SUV车型，其中，样本4、5、22号为典型性均值最高的3个样本（图4-9）。典型性均值小于5分的样本中，有2个官方定义为SUV车型的样本——样本17、18号，均值最低的为样本30、28、31号（图4-10）。

如果将SUV车型分为高典型性族群和低典型性族群，高典型性族群中样本17、25、27号未达到5分，其中只有17号为官方定义的SUV车型，低典型性族群中所有样本的均值都低于5分。如果分为三类族群，均值最高的样本4、5、22号均在族群一中，其中仅有样本17、25、27号低于5分，而SUV非典型性族

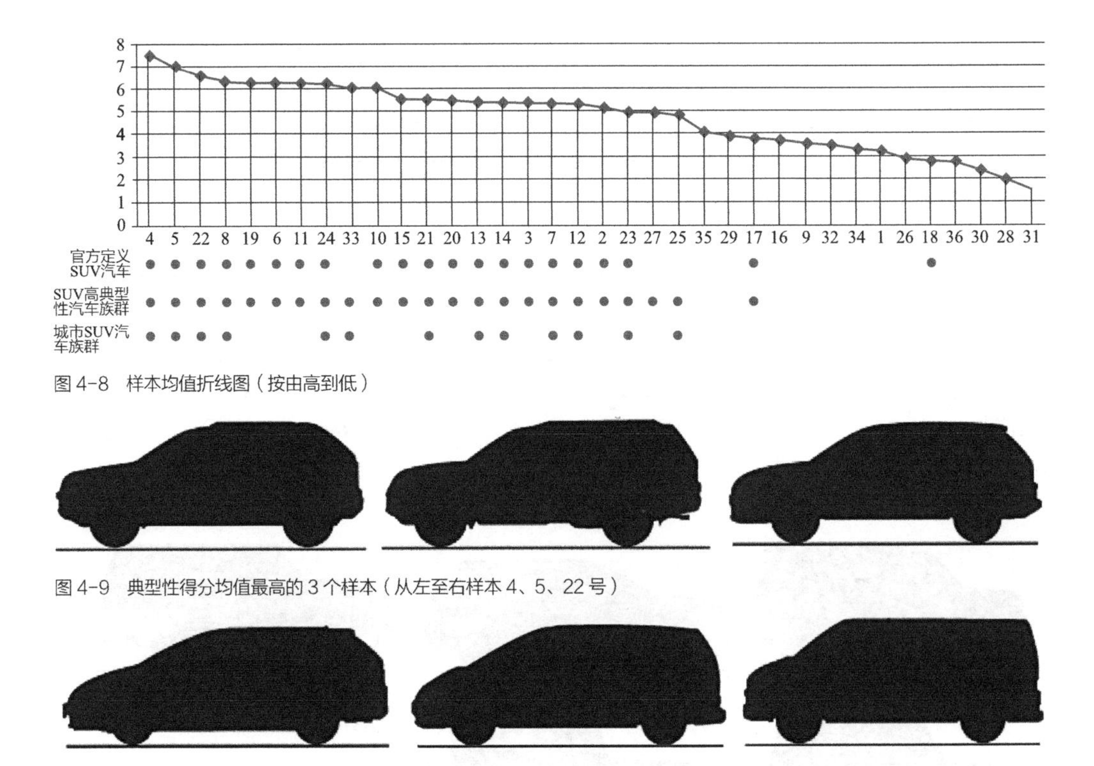

图 4-8　样本均值折线图（按由高到低）

图 4-9　典型性得分均值最高的 3 个样本（从左至右样本 4、5、22 号）

图 4-10　典型性均值最低的 3 个样本（从左至右样本 30、28、31 号）

群所有样本均值都低于5分，特殊样本16、29号的均值分别为3.76和3.90，均值也较低。

样本与样本标准差的折线如图4-11所示，样本31、4、19、22、6、28、30、5号的标准差低于2，说明典型性得分的稳定度较好，而样本18、16、17号的标准差最高，稳定度最差。

从SUV车型高典型性族群中各成员的标准差分布来看，样本典型性得分的稳定性参差不齐，其中样本27、12、15、2、17号（图4-12）的标准差均超过2.5，属于所有样本中得分最不稳定的几个，说明不同的被

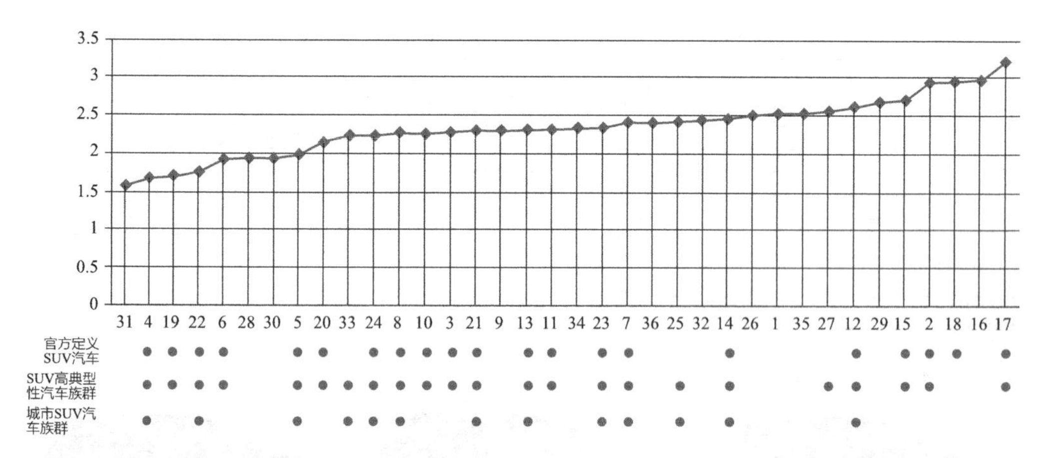

图 4-11　样本均值折线图（按由高到低）

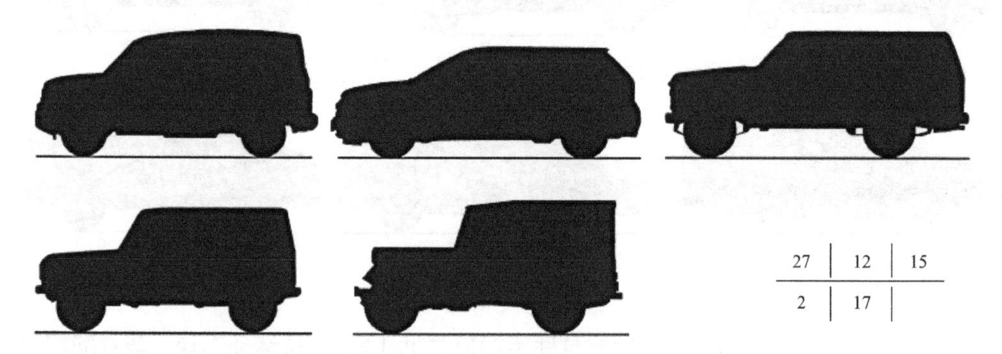

图 4-12　标准差超过 2.5 的样本

试者对这几个样本的辨别有较大的差异。这几个样本均值分别为4.95、5.34、5.59、5.19、3.82，最小值及最大值分别为1和9.9、0和10、0.3和10、0和10、0和10，两极分化明显，即尽管一部分被试者认为样本与SUV原型匹配度较高，而另一部分却持截然相反的观点。如果分为三类族群，城市SUV族群中则仅有样本12号标准差超过2.5，均值为5.36，最小值及最大值分别为0和10。标准差最小的样本4、22、5号，均值分别为7.50、6.67、

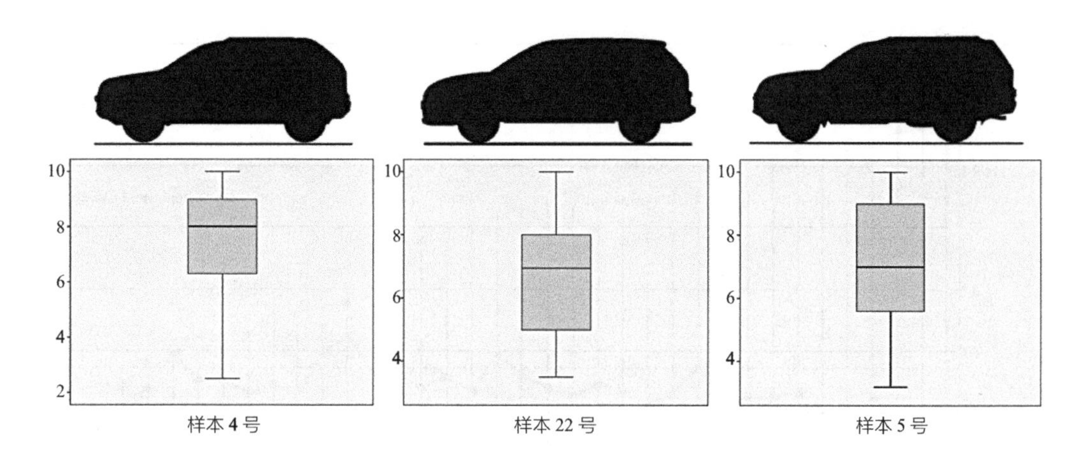

图 4-13　高典型性的 SUV 原型范畴成员

6.99，最小值及最大值分别为2.5和10、3.5和10、3.2和10，结合样本箱形图（boxplot）对比（图4-13），样本4号是更加理想的原型实例。

综合考虑典型性得分的均值及标准差表现，样本4、5、22、8、19、6、11号（图4-14）均是具有高典型性的样本，拥有更多车型中大多数或全体成员的多种属性或特征，原型特征所占比例更高。这些高典型性样本为车型造型原型的获取与表征提供了理想的原型实例。

在标准差较高的样本中，属于高典型性族群的有样本15、2、17号，以上3个样本也均属越野汽车族群。这3个样本的官方定义均为正统越野车，典型性得分均值分别为5.59、5.19、3.82，样本15、2号处于所有样本均值中等水平，而样本17号在族群中得分最低。在打分完毕后进行的访谈中，部分被试者认为越野车与SUV并不是一类车，这意味着不同的被试者对正统越野车是否属于SUV车型存在较大分歧。越野汽车族群除包含了这三辆官方定义的正统越野车外，还包括具有较好通过性和一定越

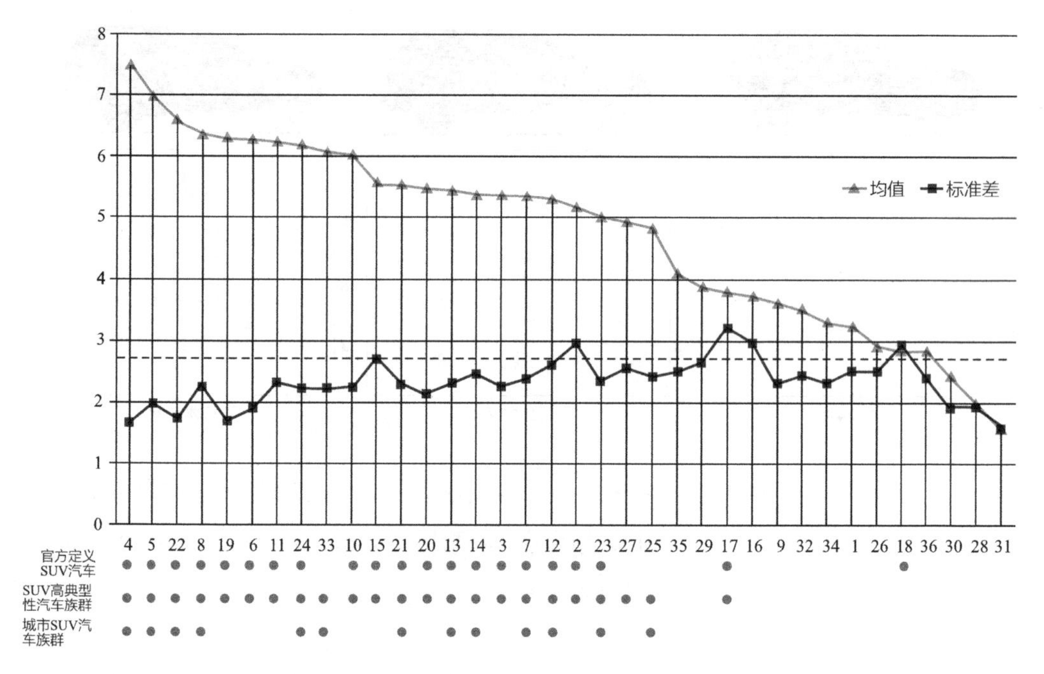

图 4-14 官方定义 SUV、高典型性及城市 SUV 的均值和标准差折线图

野性的样本，其中样本19、6、11号的典型性得分均值和标准差均较为理想，但均不属于纯正越野车，说明这一族群样本虽然表现出较强的越野性，但并不代表越野性与典型得分成正比。因此，纯正越野车与具备越野性的SUV是两个不同的概念，需要对在样本族群初步分析阶段做出的族群定义进行修正，将“越野汽车族群”命名修改为“具有越野性能的SUV族群”，简称“越野SUV族群”。

4.3.3 回溯统计及特征分析

（1）实验回溯统计

在车型辨识中，某些特征导致样本的典型性得分更高，而另一些特征则导致样本的典型性得分更低。为找到这些特征，实验要求被试者在测试试卷上标注出“像典型性SUV的原因”和“不像SUV的原因”，下文中简称为“正原因”和“负原因”。根据被试者回溯标注位置及说明，可将标注归纳为车顶线、接近角和离去角、离地间隙、车保、车悬、前风挡倾角、后窗倾角、比例、轮廓折角、前脸10处特征或特征关系（图4-15）。

如图4-16所示，灰色和黑色柱条分别表示正原因与负原因的标注频数。根据两者的标注次数，得到标注次数比例饼图（图4-17）。比例、后窗倾角、前脸被标注最多，分别达到43、30、23次；其次是前风挡倾角、前脸、车顶线、车保，标注次数均达到10次以上。以原型范畴的观点来看，标注次数反映特征或特征关系对辨识SUV车型起到的作用的程度，具有SUV车型原型特征的功能。因此，通过分析这些特征或特征关系，能够进一步把握SUV车型的原型特征。

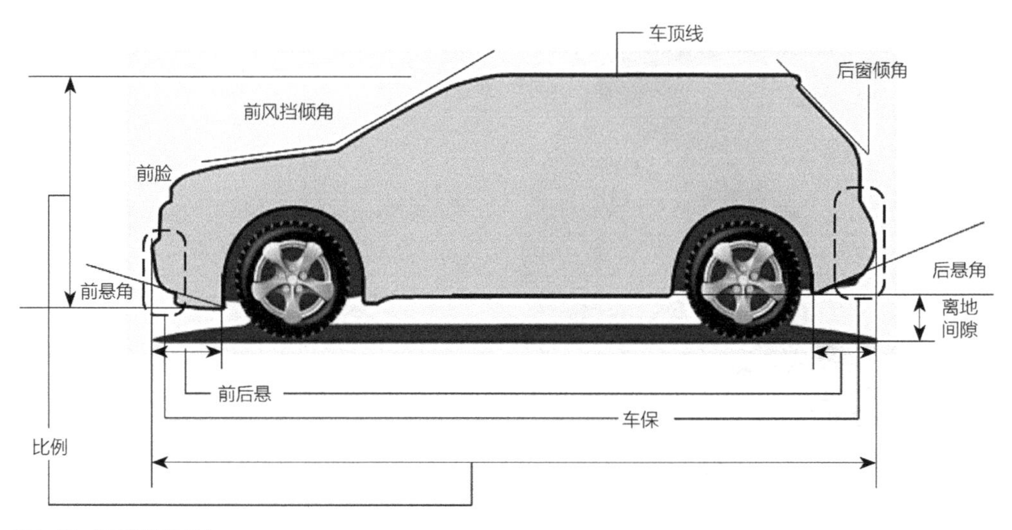

图 4-15　回溯的特征标注

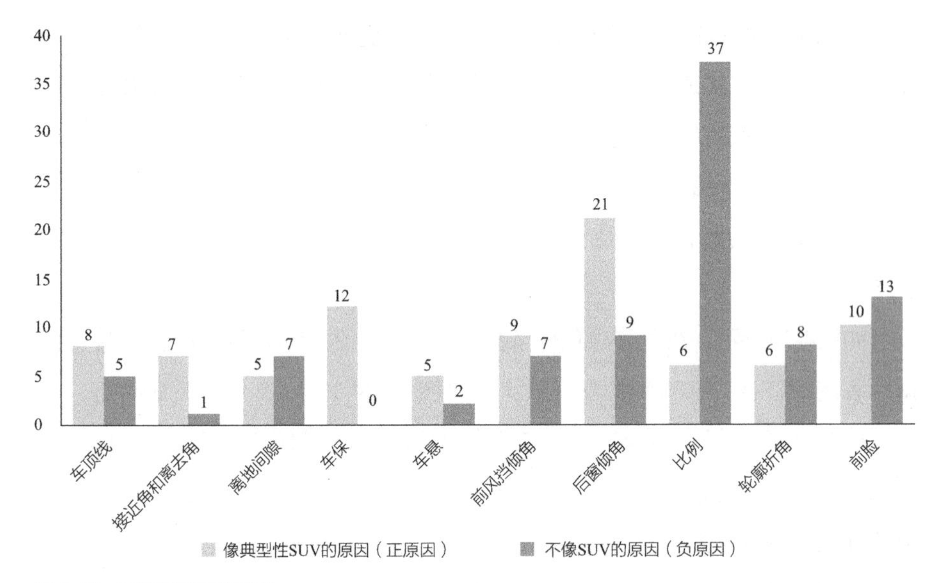

图 4-16　回溯的特征标注频数

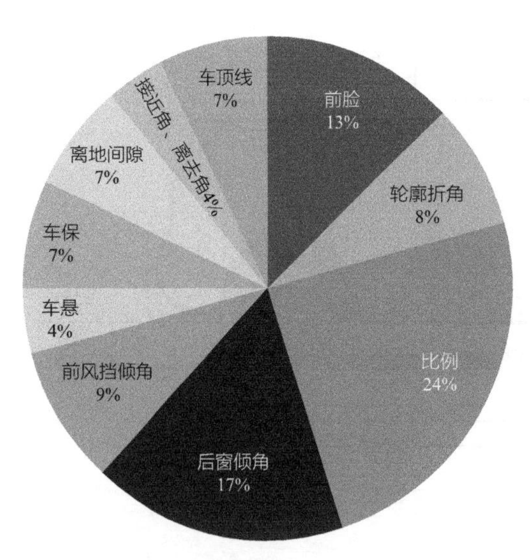

图 4-17　回溯标注次数比例饼图

（2）车型特征分析

比例，指汽车整体与局部或局部与局部的某种视觉关系，包括整车长高关系、前脸与整车长度关系等。比例是车型辨识的最主要依据，总共提到43次，其中有37次被认为是负原因。以样本31号为例，其均值为1.58，标准差为1.58。与其他样本相比较，样本31号的车高与车长比例明显大于其他任何样本，其比例因素被列为负原因的次数达到19次。从认知的角度来看，应当有多组关系比例共同在车型辨识中起到作用。

后窗倾角，指后窗的倾斜角度。后窗倾角标注次数高达30次，是被试者车型辨识的主要依据之一。在典型性得分均值最高的10个样本中，后窗倾角均具有比较明显的倾斜程度，其中城市SUV族群中，除样本25号（官方定义MPV）为25°外，其余后窗倾角角度均为40°~50°，属于越野SUV族群样本的后窗倾角均等于或小于30°，样本分布为15°~30°；得分最少的10个样本后窗倾角分布为30°~70°，与均值或标准差无明显对应关系。由此可见，在有非“3 BOXES”定义性特征的前提下，后窗倾角对区分SUV车型的高典型性族群下的两个子族群有较大贡献，是车型的代表性特征。

前脸，包含前脸造型特征及与前脸有关的比例关系，具体涉及车头长度、前脸厚度、前引擎盖侧面轮廓线造型。前脸标注次数排名第三，正、负原因的标注次数为10次和13次，对车型辨识起到重要的作用。受标注方式所限，被试者的回馈标注只能表示前脸部分与正、负原因存在关系，但未涉及具体特征或特征关系。在所有样本中，典型性得分均值较高样本的车头长度大约为整车长的1/3.5，前脸厚度略小于整车高的1/2，前引擎盖侧面轮廓线为曲率较小的曲线造型。样本30、31号（图4-10）的前脸车头长度均较短，小于全车长的1/4，样本28号的前脸厚度只达到整车高的1/3，因此典型性得分均值均非常低，分别为2.43、2.00、1.58。由此推断，汽车前脸部分包含了SUV车型的多个原型特征，通过获取这些原型特征的数据，可以进一步确定前脸与SUV车型典型程度的关系。

前风挡倾角，标注次数为18次，占标注次数的9%。典型性得分均值较高的样本前风挡倾角角度主要集中在140°~155°，其中，城市SUV族群样本均为150°~155°，越野SUV族群样本均为135°~145°（除样本17号为105°）。而得分较低的10个样本中，除样本18号（官方定义SUV车型）的前风挡倾角角度为155°外，其余样本均大于160°。由此可见，前风挡倾角的度数对车型辨识及子族群归属判断均起到了非常重要的作用，属于SUV车型的主要原型特征之一。

轮廓转角，泛指汽车轮廓造型转折处的造型，主要集中在车顶前端点，引擎盖前端点，与后窗上、下折点几个位置，并涉及前风挡倾角、后窗角度、风窗角度，以及转折角的过渡程度。典型性得分均值较高的样本风窗角度接近40°~45°，角度过大或过小的样本得分均不高。样本17、30、34号的角度分别为70°、20°、30°，其典型性得分均值均低于4分；此外，转折角的平滑程度也对典型性得分均值高低有一定影响，典型性得分均值最高的样本过渡处较平顺、圆滑，而转折角过渡过于圆顺或硬朗均可能导致样本得分不高，样本34、35号的车顶前端点、引擎盖前端点转折处都非常圆润，得分只有4.13、3.33分，而样本17号转折非常硬朗，得分仅3.82。

车顶线、离地间隙、车保被标注次数均为13、12、12次，占标注次数约7%。

车顶线泛指车顶轮廓线的相关造型，涉及其长度、倾斜程度和弧度。车顶线的长度与倾斜程度，决定了车顶前端点和后窗上折点的位置关系；车顶线弧度体现在曲率的差异方面，其中，典型性得分均值最高的10个样本中，车顶线由于曲率较小，显现轻微弯曲的样本有5个，且均属于城市SUV族群，而车顶线近似直线的样本中有4个属于越野SUV族群。这说明，车顶线对子族群归属判断起到了一定的作用，属于车型的代表性特征。

离地间隙指汽车底盘与地面的距离。离地间隙的标注主要集中在越野SUV族群和SUV低典型性族群的样本中。样本2、6号的离地间隙较高，典型性得分均值分别为5.2和6.3，属于较为典型的SUV车型；而样本1、26、30、36号的离地间隙偏低，相应得分为3.3、2.91、2.43、2.84。可见，离地间隙对车型辨识发挥了重要的作用，是SUV车型的重要原型特征之一。

车保是指汽车保险杠部分造型。车保标注次数中有8次是指前保，4次是指后保，均属于正原因。样本6、20、24号均配置了强壮、凸显的前保或后保，典型性得分分别为6.29、5.5、6.21，三者均属于越野SUV族群，这说明车保能够增强SUV车型的感觉。但同时，车保不明显的样本也同样有得分较高的，得分最高的样本4、5、22、8号均未体现出明显的车保外凸形态，表现为保险杆逐渐融入前脸，并与之一体化造型（图4-18）。此外，其他的城市SUV族群样本的车保也大多无明显外凸，而越野SUV族群的情况则正好相反。这说明车保对区分城市SUV与越野SUV起到重要作用，属于SUV车型原型特征中的代表性特征。

图4-18 保险杆融入前脸的一体化造型

前悬角、后悬角与车悬，标注次数分别为8次和7次，占标注次数的4%。

从标注特点来看，前悬角、后悬角的标注情况较为类似，正原因标注次数远多于负原因次数，但标注总次数较少。前悬角、后悬角的典型性得分均值最高的10个样本中，除样本22、33号的接近角较小外，其余样本的前悬角、后悬角均较大，而在最低的10个样本中，前悬角、后悬角均相对较小。因此，悬角也属于SUV车型原型特征中的代表性特征。

车悬的负原因标注2次，分别是指样本16、35号的前悬太短，正原因标注的样本为4、5、14号，其中只有一次标注有说明，注释为“合适”，其余未做说明。依据汽车设计造型相关经验推测，SUV车型的车悬限定在某一数值范围内，过短过长均会减弱SUV车型的典型程度。

其他特征：

特征分析之后，焦点小组建议依据专家经验，适当增添对辨识SUV车型起到重要影响而又作未标注的特征。因此，本书还加入轮毂侧面造型、车轮大小、胎厚、轮胎跳动间隙、车轮轮拱造型与扰流板6个特征。由文献［186］可知，SUV车型的最佳匹配是由5～7个较厚并有旋转式轮辐的轮毂造型；相比于城市SUV族群，越野SUV族群一般配置更大尺寸、更厚胎壁的车轮，以及更大的轮胎跳动间隙，并更常采用倒U形轮拱造型；扰流板方面，SUV车型的高典型性族群共有13个样本配置了扰流板，占SUV车型高典型性族群总样本量的57%，其中城市SUV族群10个，占本子族群样本量的78%，而越野SUV族群中只有3个，仅占本子族群的30%。这意味着，扰流板的配置在城市SUV汽车中较为常见，而在越野SUV汽车中则比较少。以上几个特征，均对车型辨识起到一定的作用，因此在构建并完善SUV车型的造型原型时应当给予考虑。

4.4　车型造型原型表征

4.4.1　车型造型原型的获取与特征关系表征

4.4.1.1　车型造型原型获取

高典型性的样本是获取原型的理想原型实例，在它们的身上能够找到更多的原型特征。样本4、5、22号已经在实验中被证明为是SUV范畴中最接近于原型的3个样本。但这3个样本均属于城市SUV族群，根据聚类分析结论，SUV车型包括城市SUV族群及越野SUV族群，仅选取城市SUV族群样本作为获取SUV车型造型原型的原型实例，会缺乏对同属SUV车型的越野SUV族群的概括能力。因此，本书将采用先获取城市SUV和越野SUV子车型造型原型，再通过将其简化、归纳、合并等方法，最终获取SUV车型造型原型的思路。这样既能够保证对两个子车型的概括能力，也使得获取的方法及过程更加直观与简便。根据这一思路，整个过程可分为子车型的造型原型获取和表征、SUV车型的造型原型获取和表征两个步骤。

步骤一，子车型的造型原型获取和表征。

选取城市、越野SUV族群中典型性最高、稳定性最好的样本若干。城市SUV族群选出样本4、5、22号（图4-19），越野SUV族群选出样本6、19号（图4-20）。

综合车型特征的分析，通过对以上高典型样本特征的提取和重构，得到SUV子车型的造型原型视觉模式图和特征描述集合。模式图能够对SUV子车型的造型原型进行具象表达，直接传递出前风挡倾角大小、轴距与车高关系等重要造型空间信息。而特征描述集合则起到了对特征进行补充说明的作用。

以城市SUV车型造型原型获取为例，样本4号是典型程度最高、标准差最小的原型实例，非常适合用于描述造型原型。因此，本书以样本4号作为造型原型视觉模式的基础，提取车身长高比例、离地间隙、前脸厚度、前引擎盖侧面轮廓线造型、前风挡倾角度数、后窗倾角度数等数据，并按照城市SUV族群

图 4-19 城市 SUV 族群代表造型——样本 4、5、22 号

图4-20 越野SUV族群代表造型——样本 19、6 号

特点补充了扰流板、轮拱和车轮等造型，同时调整并简化了车顶线、底盘、前后悬角与车保处造型。在整个提取过程中，样本5、22号起到了重要的参考辅助作用。特征描述集合的数据获取，源于车型特征的分析，是对城市SUV车型特征和特征关系的一般性概括。例如“车保”描述为“无明显外凸”，就是采用一种非精确性的定性描述方式对车保特征进行大致说明。

根据原型视觉模式图和特征描述集合的获取方法，得到城市SUV及越野SUV车型造型原型的视觉模式图和特征描述集合，如下。

城市SUV车型造型原型的视觉模式图和特征集描述集合，如图4-21和表4-3所示。

图 4-21 城市 SUV 造型原型的视觉模式图

特征描述集合 U_1 表 4-3

特征名称	造型原型状态（定性）
比例	适合比例（见图 4-21）
后窗倾角	40°~50°
前脸	长度大约为整车长的 1/3.5，前脸厚度略小于整车高的 1/2
前风挡倾角	150°~155°
轮廓转角	折角较为圆润，折点位置（见图 4-21）
车顶线	小曲率曲线
离地间隙	较高
车保	无明显外凸
悬角	有
车悬	适合长度（见图 4-21）
轮毂侧面造型	5 个轮辐，轮辐较厚，有旋转式式样
车轮大小	较大
胎厚	较厚
轮胎跳动间隙	较大
车轮轮拱造型	圆拱形
扰流板	有

越野SUV车型造型原型的视觉模式图和特征集描述集合，如图4-22和表4-4所示。

图 4-22 越野 SUV 造型原型的视觉模式图

特征描述集合 U_2 表 4-4

特征名称	造型原型状态（定性）
比例	适合比例（见图 4-22）
后窗倾角	15°~30°
前脸	长度大约为整车长的 1/3.5；前脸厚度略小于整车高的 1/2
前风挡倾角	135°~145°
轮廓转角	折角较为硬朗，折点位置（见图 4-22）
车顶线	小曲率曲线
离地间隙	高
车保	有明显外凸
悬角	有
车悬	适合长度（见图 4-22）
轮毂侧面造型	5 个轮辐，轮辐较厚，有旋转式式样
车轮大小	大
胎厚	厚
轮胎跳动间隙	大
车轮轮拱造型	倒 U 形
扰流板	有

步骤二，SUV车型的造型原型获取与表征。

合并两个子类型的造型原型可得到SUV车型的造型原型，合并原则综合家族相似性和典型性两种不同的处理方式，如图4-23所示。

家族相似性的逻辑思想在于求并集，设SUV车型造型原型集为U，城市SUV造型原型集为U_1，越野SUV造型原型集为U_2，求并集可表示为$U=U_1 \cup U_2$。例如，后窗角度的求并集采用两子集区域的叠加，15°~30°与40°~50°两个区域叠加得到15°~50°；转角过渡求并集可采用排除法，即排除

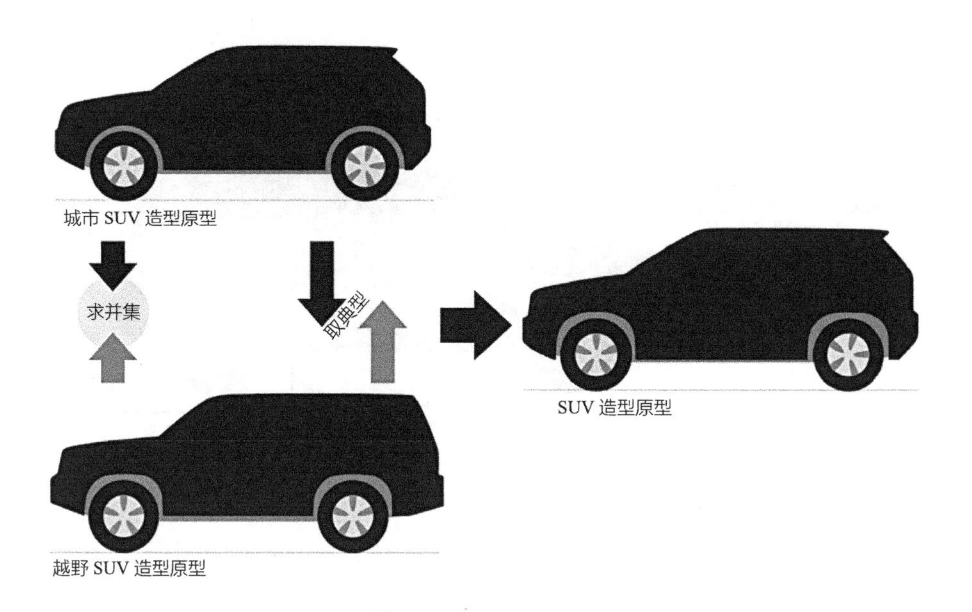

图 4-23　基于家族相似性和典型性的造型原型合并方式

不是“折角较为圆润”与“折角较为硬朗”的情况，得到排除“非过度圆润”的结果。

但部分特征并不适于使用求并集方式，例如折点位置、离地间隙等特征，这种情况下本书将采用选取最具典型性样本原型特征的方式，用典型性思想解决用求并集难以解决的合并问题，取典型性的方式可表示为$U=f(Max)\{典型性|U_1,U_2\}$。以离地间隙为例，城市SUV汽车和越野SUV汽车造型原型状态分别为“较高”和“高”，求并集方式不再适用，则遵循典型性原则，取典型性最高样本离地间隙状态，参照典型性最高的样本4号，离地间隙状态为“较高”，则SUV车型造型原型状态最终为“较高”。因此，合并后得到的SUV车型造型原型的视觉模式图以及特征集合U，如图4-24和表4-5所示。

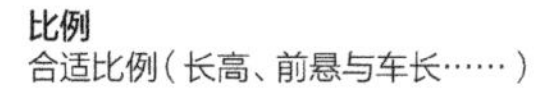

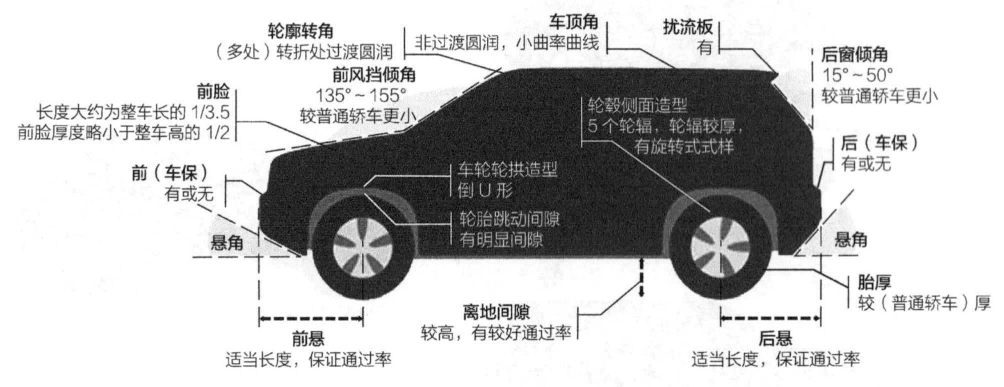

图 4-24 SUV 造型原型的视觉模式图

特征描述集合 U 表 4-5

特征名称	造型原型状态（定性）
比例	适合比例（见图 4-24）
后窗倾角	15°~50°
前脸	长度大约为整车长的 1/3.5，前脸厚度略小于整车高的 1/2
前风挡倾角	135°~155°
轮廓转角	折点位置（见图 4-24）
车顶线	非过度圆润，小曲率曲线
离地间隙	较高
车保	—
悬角	有
车悬	适合长度（见图 4-24）
轮毂侧面造型	5 个轮辐，轮辐较厚，有旋转式式样
车轮大小	较大
胎厚	较厚
轮胎跳动间隙	较大
车轮轮拱造型	倒 U 形
扰流板	有

4.4.1.2　造型原型的特征关系表征及测量

为便于研究，本书将以上可进行参数化标定的特征统一转换为特征关系方式，得到共计13组特征关系（表4-6）。不能进行参数化标定的特征关系，本书将采用状态标定方式，共计6组。

SUV 车型造型原型的参数化造型关系　　表 4-6

关系表征标注	关系表征	计算方式
A	车高与车长关系	h/l
B	前悬长与车长关系	l_{s1}/l
C	后悬长与车长关系	l_{s2}/l
D	车头长度与前悬关系	l_f/l_{s1}
E	离地间隙与车高关系	h_{wa}/h
F	车颈高度与车高关系	h_n/h
G_1	前保险杠与前车悬关系	l_{b1}/l_{s1}
G_2	后保险杠与后车悬关系	l_{b2}/l_{s2}
H	前风挡倾角	∠1
I	前风窗角	∠2
J	后风窗角	∠3
K	车前倾角	∠4
L	车顶倾角	∠5

其中，车长、车宽等特征属于汽车的标准工程尺寸参数，具有明确的定义和测量方法。而车头长度、前风挡倾角、风窗角度等特征属于非标准化自定义参数，参数测量之前需要进行定义。定义包括特征描述、测量点定位、特征测量三部分。

特征描述。车头长度，指引擎盖和前保（A柱之前）的水平距离；颈高，指引擎盖最高点（A柱最低点）到地面的竖直距离；前风挡倾角，指汽车前风窗弦线与发动机罩线夹角；前风窗角，指汽车前风窗弦线与水平线的夹角；后风窗角，指汽车后风窗弦线与水平线的夹角；车悬倾角，指引擎盖后端点与后风窗下端点连线和水平线的夹角；车顶倾角，指车顶前后端点连线与水平线夹角。详见特征测量部分。

测量点定位。汽车造型特征间往往不存在清晰、明确的边界线或边界点，而是以过渡形式衔接。因此，测量特征参数之前，首先需要明确特征间边界线或边界点，即测量点定位。定位步骤如下：第一步，选取过渡区域轮廓特征线。过渡区域轮廓特征线选取两部分特征间有明显转折的一段单曲率曲线，曲线选取范围适当，能够确定边界点被包含在过渡区域特征线内即可。第二步，边界点定位。曲率半径值越小，曲线弯曲程度越大，弯折效果越明显，因此，从视觉角度而言，过渡区域轮廓特征线曲率半径最小值位置即为两部分特征间的衔接点。如图4-25所示，曲率半径最小值位置即为引擎盖前端点。如两部分特征衔接处为相交点，而不为过渡线段，则可直接取交点为测量点。

根据定位方法，从汽车侧面车身轮廓特征线中提取了引擎盖前端点、引擎盖后端点、车顶前端点、车顶后端点及后窗下折点5个测量点（图4-27）。引擎盖前端点，指引擎盖部分与前脸部分在正侧轮廓图中的衔接点；引擎盖后端点，指引擎盖部分与前风窗部分在正侧轮廓图中的衔接点；车顶前端点，指前风窗部分与车顶部分在正侧轮廓图中的交点；车顶后端点，指车顶部分与后风窗部分在正侧轮廓图中的交点；两厢车后风窗下折点，指汽车后风窗部分与后脸部分在正侧轮廓图中的

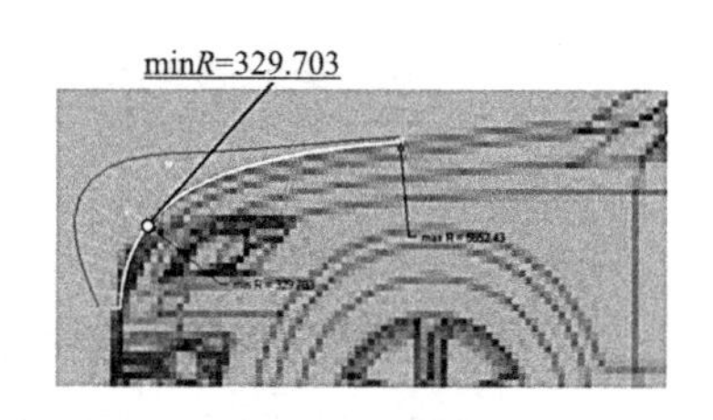

图4-25 测试点定位

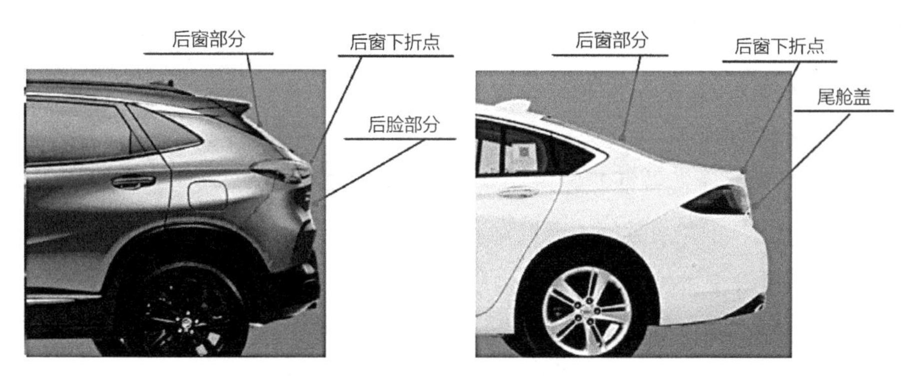

图 4-26　两厢车和三厢车的后风窗下折点间的区别

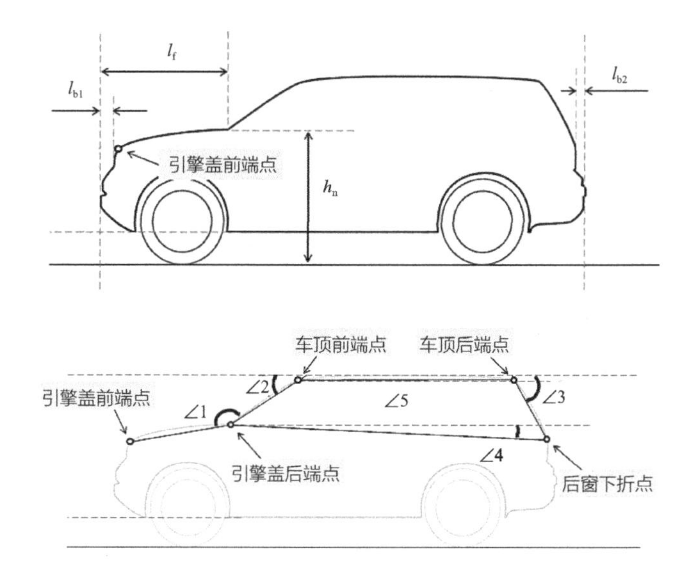

图 4-27　特征参数测量示意图

交点，而三厢车后风窗下折点，指汽车后风窗部分与尾舱盖前端在正侧轮廓图中的交点，如图4-26所示。

特征测量。测量点定位确定之后，可进行特征参数获取。图4-27上图中，l_f为车头长度，l_{b1}为前保厚度，l_{b2}为后保厚度，h_n为颈高；下图中，∠1为前风挡倾角，∠2为风窗角度，∠3为后风窗角，∠4为车身倾角，∠5为车顶倾角。其中，当引擎盖后端点高于后窗下折点，∠4为负，反之为正。当车顶后端点高于车顶前端点，∠5为正，反之为负。

根据测量后所得特征参数，计算得到表4-7中23个样本的参数化特征关系数据（详见附录B）。

此外，由于某些特征难以定位测量点，本书将采用状态标定方式。非参数化状态标定的特征关系有6组，分别为前脸倾角、后脸倾角悬角、轮拱造型、扰流板造型。

样本特征关系参数　　表 4-7

	A	B	…	F_2
样本 1	0.355547	0.193185	…	0.691726
样本 2	0.350249	0.177373	…	0.6855
样本 3	0.353432	0.196807	…	0.701963
…	…	…	…	…
样本 22	0.446826	0.178207	…	0.662136
样本 23	0.378024	0.172475	…	0.678899

前、后脸倾角M。前脸倾角$\angle M_1$，后脸倾角$\angle M_2$，如图4-28所示。汽车的前脸倾角通常大于或等于0°，但近几年也逐渐出现倾角$\angle M_1$小于0° 的汽车，例如2013款宝马7系以及2013款三菱翼神。

前脸倾角$\angle M_1$和后脸倾角$\angle M_2$的三种造型状态可表示为：

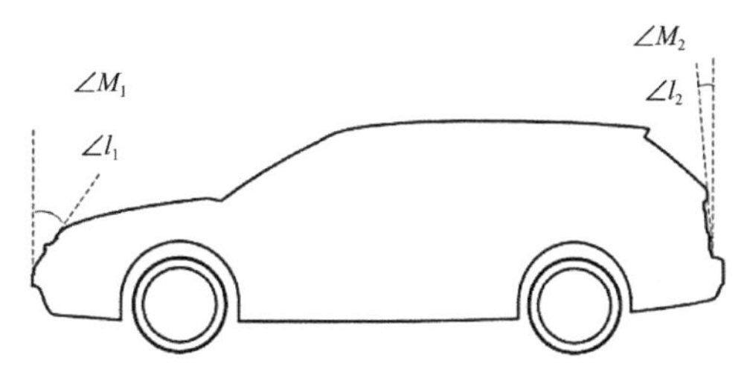

图 4-28　前 / 后脸倾角示意图

$$\angle M_1=\begin{cases}1,\ \angle M_1>0°\\0,\ \angle M_1\approx 0°\\-1,\ \angle M_1<0°\end{cases},\ \angle M_2=\begin{cases}1,\ \angle M_2>0°\\0,\ \angle M_2\approx 0°\\-1,\ \angle M_2<0°\end{cases}\quad 式（4\text{-}1）$$

当$\angle M_1>0°$，前脸呈向内倾斜状态，造型状态标记为1；当$\angle M_1\approx 0°$，前脸呈竖直斜状态，造型状态标记为0；当$\angle M_1<0°$，前脸呈向外倾斜状态，造型状态标记为-1。当$\angle M_2>0°$，后脸呈向内倾斜状态，造型状态标记为1；当$\angle M_2\approx 0°$，后脸呈竖直状态，造型状态标记为0；当$\angle M_2<0°$，前脸呈向外倾斜状态，造型状态标记为-1。

悬角N。汽车悬角是指汽车底盘前后两端向上倾斜的角度。分为前、后悬角，前悬角$\angle N_1$，后悬角$\angle N_2$，如图4-29所示。

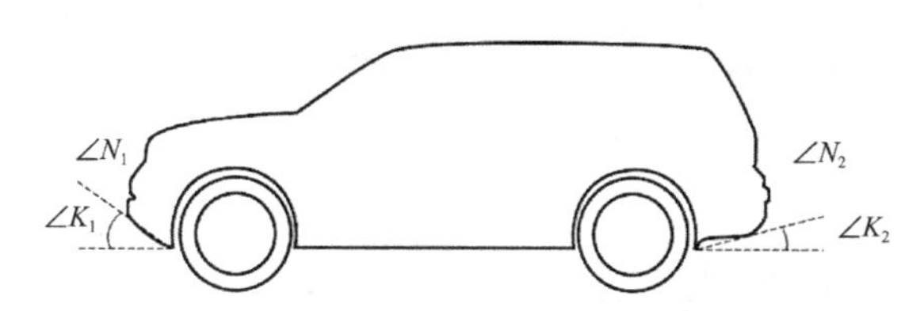

图 4-29　前 / 后悬角示意图

前悬角$\angle N_1$和后悬角$\angle N_2$的两种造型种状态可表示为：

$$\angle N_1=\begin{cases}1, \angle N_1>0^\circ \\ 0, \angle N_1\approx 0^\circ\end{cases}, \angle N_2=\begin{cases}1, \angle N_2>0^\circ \\ 0, \angle N_2\approx 0^\circ\end{cases} \quad 式（4-2）$$

当$\angle N_1>0^\circ$，前悬下端有明显向上倾斜态势，造型状态标记为1；当$\angle N_1\approx 0^\circ$，前悬下端无明显向上倾斜态势，轮廓线整体成水平走势，造型状态标记为0。当$\angle N_2>0^\circ$，后悬下端有明显向上倾斜态势，造型状态标记为1；当$\angle N_2\approx 0^\circ$，后悬下端无明显向上倾斜态势，轮廓线整体成水平走势，造型状态标记为0。

轮拱造型O。轮拱是位于轮胎与汽车衔接处，沿车身边沿形成的特征，因边缘线成类拱形被称为轮拱。根据边缘线的造型特点，可以将轮拱分为两类（图4-30）：半圆拱形轮拱与反U形轮拱。半圆拱形轮拱边缘线近似于圆形，反U形轮拱像一个倒着写的大写英文字母“U”，前者的边缘线曲率变化均匀，后者的边缘线在两侧会各出现一次曲率变化较大区域。轮拱造型的两种造型状态可表示为：

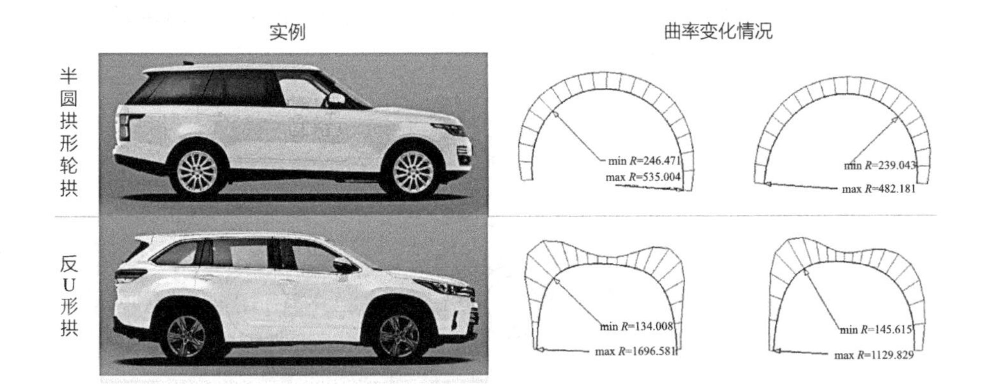

图4-30 半圆拱形轮拱与反U形轮拱

$$O=\begin{cases}1, \text{轮拱成半圆拱型} \\ 2, \text{轮拱成反U形}\end{cases}$$ 式（4-3）

扰流板造型P。又称车顶翼，通常安装在车顶尾部，一般两厢车较多。扰流板造型P的两种造型状态可表示为：

$$P=\begin{cases}1, \text{有扰流板} \\ 0, \text{无扰流板}\end{cases}$$ 式（4-4）

4.4.2 车型造型原型的类型信息语义

汽车的类型信息语义作为人们描述车型的一种重要手段，对探索SUV车型造型原型有着非常重要的意义。本小节将通过对SUV车型代表性语义词汇的均值获取，从语义角度对SUV车型造型原型进行描述。造型原型的语义描述不仅是对视觉模式图以及特征集合表达方式的补充，同时也为进一步分析语义与特征的关系提供了研究基础。

SUV车型代表性语义词汇的均值获取分为测试准备及测试操作两个阶段。

测试准备阶段。选取本章典型性测试中SUV车型高典型性族群的23个样本，将样本重新排序，作为SUV车型语义词汇均值的测试样本。邀请20名（男性13名，女性7名）具有一定汽车常识性知识的人员作为被试。问卷由样本、评分条目与评分量表三部分构成。评分条目是11组SUV车型代表性语义词汇（由于SUV车型信息语义词汇中的定义性语义词汇在同车型中表现为无明显语义跨度，各成员语义强度差异微弱，无明显测试意义，因此只保留代表性语义词汇）。其中，语义词汇分值范围为0～5，语义词汇对分值范围为-5～5，打分可到小数点后一位。问卷如图4-31、图4-32所示。

测试操作阶段。被试者根据典型性测试中SUV车型高典型性族群的23个样本侧面造型带给自己的感受，对照语义词汇逐一进行打分。测试要求被试者在打分之前事先对所有样本图片及语义词汇浏览一遍，时间大约控制在2~3min，浏览完毕开始正式进行打分。整个打分时间控制在30min内，测试完毕回收问卷并编号，共回收有效问卷20份。对问卷得分进行均值处理，得到关于23个样本的均值得分表，如表4-8所示（详见附件C）。

图4-31 SUV车型代表性语义词汇评价问卷（样本部分）

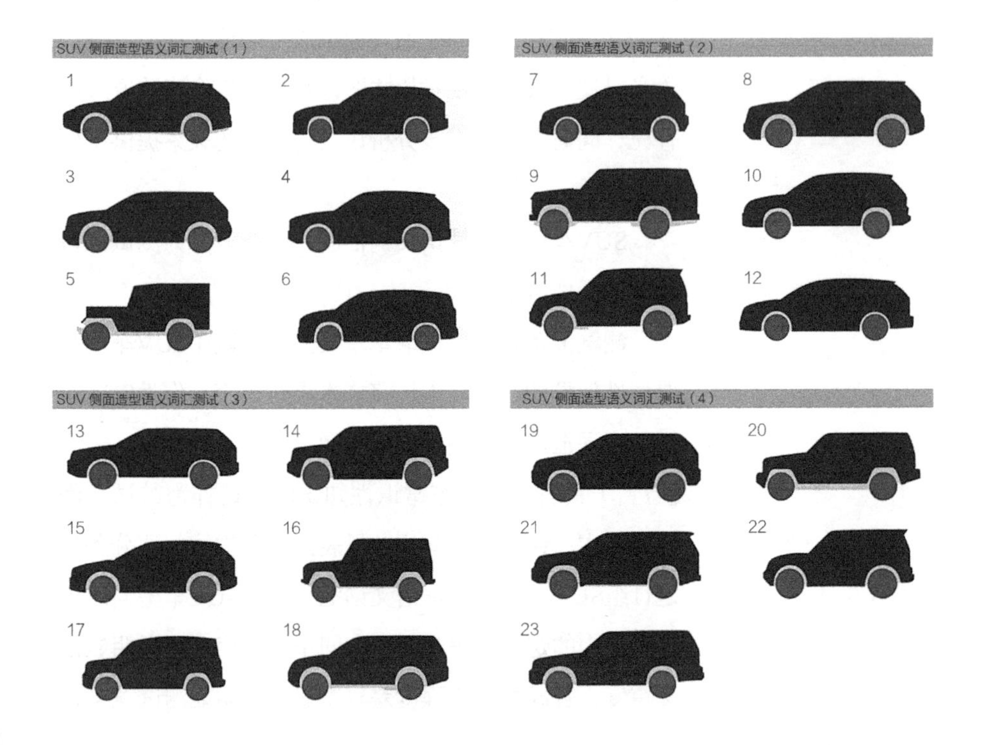

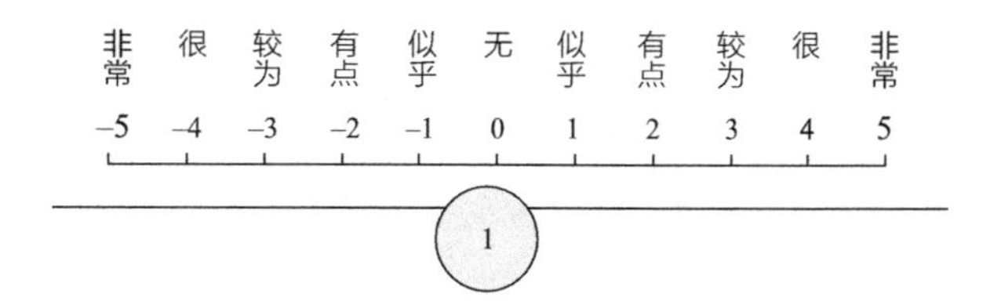

1. 越野的　–5 –4 –3 –2 –1 0 1 2 3 4 5　城市的

2. 男性化的　–5 –4 –3 –2 –1 0 1 2 3 4 5　女性化的

3. 硬朗的　–5 –4 –3 –2 –1 0 1 2 3 4 5　圆润的

4. 粗犷的　–5 –4 –3 –2 –1 0 1 2 3 4 5　精致的

5. 高傲的　–5 –4 –3 –2 –1 0 1 2 3 4 5　亲和的

6. 0 1 2 3 4 5　豪华的　7. 0 1 2 3 4 5　休闲的

8. 0 1 2 3 4 5　霸气的　9. 0 1 2 3 4 5　全路况能力的

10. 0 1 2 3 4 5　高大的　11. 0 1 2 3 4 5　强劲的

图 4-32　SUV 车型代表性语义词汇评价问卷（打分部分）

SUV 车型造型语义词汇均值矩阵 M_{ji}　　表 4-8

	语义 1	语义 2	语义 3	…	…	语义 10	语义 11
样本 1	1.98	1.23	2.29	…	…	1.745	1.99
样本 2	1.1	−1.335	−0.735	…	…	2.3	2.58
样本 3	0.475	−0.65	0.235	…	…	2.355	2.4
样本 4	−0.075	−1.265	−0.745	…	…	2.51	2.55
样本 5	−4.09	−4.08	−4.615	…	…	3.6	4.21
样本 6	2.51	−0.35	1.27	…	…	2.53	1.99
…	…	…	…	…	…	…	…
样本 22	−2.125	−1.865	−1.43	…	…	2.515	3
样本 23	−1.695	−2.13	−2.28	…	…	2.81	2.855

经过计算得到语义均值，如表4-9所示。均值又称期望值，表示了人们对事物应有状态的一种主观愿望。基于SUV车型的高典型性族群样本的语义均值得分，反映了被试者对SUV车型造型原型在语义层面的主观期望。因此，根据语义均值，SUV车型造型原型用代表性语义可描述为：具有男性化的、全路况能力的、高大的、强劲的形象，同时也显现出较为硬朗的、粗犷的、豪华的、休闲的和霸气的美学特征，还稍微显露出具有越野性的和高傲的感觉。

SUV 车型造型语义均值　　表 4-9

序号	语义	均值
语义 1	越野型的—城市型的	-0.64261
语义 2	男性化的—女性化的	-1.59174
语义 3	硬朗的—圆润的	-1.05783
语义 4	粗犷的—精致的	-0.76870
语义 5	高傲的—亲和的	-0.32696
语义 6	豪华的	2.35565
语义 7	休闲的	2.20761
语义 8	霸气的	2.46000
语义 9	全路况能力的	2.75435
语义 10	高大的	2.74304
语义 11	强劲的	2.80391

4.5　本章小结

本章以第2章、第3章的研究为基础，运用从车型、个体和特征三个层面综合分析的汽车车型造型的研究范式，研究车型造型原型及其范畴，并对车型的汽车造型原型进行获取和表征。

车型造型及其车型造型认知的研究表明，汽车车型造型研究是汽车车型造型原型及其范畴研究的途径。车型的造型原型，表征了一类车型中最具典型性和代表性的造型，人们通过与之匹配及其匹配程度，获取车型的类型信息，从而达到对对象汽车的初步认知。对车型造型原型及其范畴的研究是一种借助个体造型类型归属程度来分析汽车造型，并以获取车型造型原型为目的的汽车造型研究思想。其研究范式包括对车型、个体和特征三个层面的综合分析。

基于汽车造型原型的研究，本章设计了SUV车型典型性测试实验，为获取和表征SUV车型造型原型所需数据或信息，提供一套完整的研究框架和操作方法。样本的SUV车型典型程度直接通过实验测试获取，是实验分析最重要的数据。

实验数据分析表明，样本可分为SUV车型的高典型性族群和低典型性族群，其中，高典型性族群又可以分城市SUV族群与越野SUV族群。样本4、5、22、8、19、6、11号是最接近SUV车型造型原型的样本，拥有更多的原型特征，为SUV车型的造型原型获取与表征提供了理想的原型实例。实验还根据被试者回溯标注，分析说明了SUV车型“正原因”“负原因”涉及的车型特征。

基于实验数据及回溯分析，提取、简化、拆解、分析和重构车型的高典型样本，以视觉模式图和特征集方式对车型造型原型进行表征，获得了城市SUV、越野SUV两种子车型的造型原型。并按照家族相似性和典型性两种原则，合并子车型的造型原型，最终得到SUV车型的造型原型。依据SUV造型原型表征结果，将可参数化标定的13组特征关系以参数方式，以及不可参数化标定的6组特征关系以状态方式进行表达，为下一章的造型辅助设计方法研究做好了准备。此外，还通过SUV车型代表性语义分值获取实验，获取得到SUV车型代表性语义的期望值，从语义角度描述了车型造型，是对SUV车型造型原型表征的一种补充。

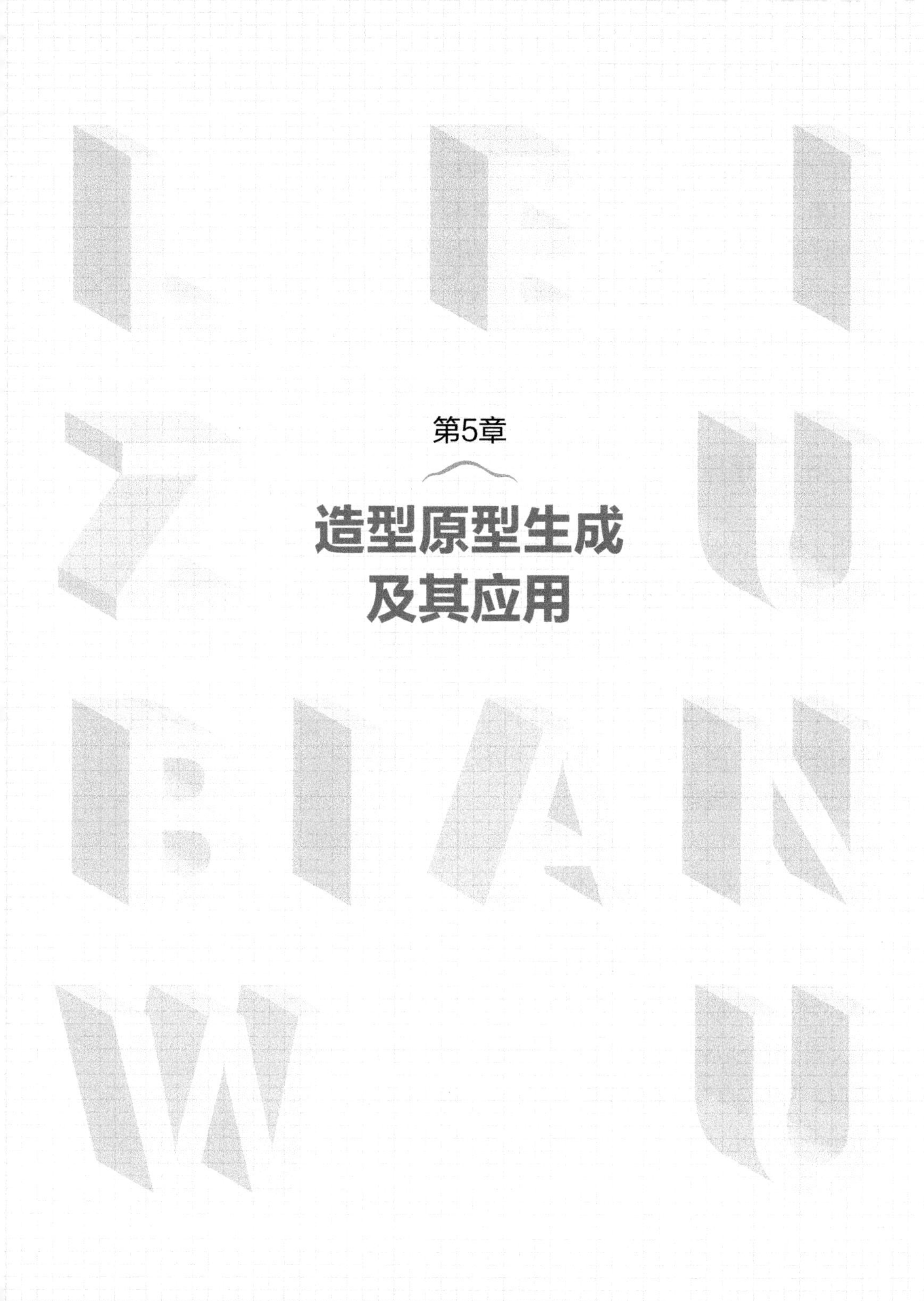

第5章

造型原型生成及其应用

造型原型可以作为一种设计方法论，被应用到设计实践中来。本章基于原型范畴的理论研究与实验结论，构建了以语义分值为输入，以特征关系参数为输出的拟合模型。模型生成的SUV造型原型方案，呈现出人们对SUV车型造型的认知特点。最后，本章还介绍了拟合模型在计算机设计辅助中的具体应用方法，供读者参考。

5.1 语义分值加权

语义分值加权是指通过原型权重系数（式2-13）对车型代表性语义进行加权处理，也可以说是语义的原型化过程，是构建基于造型原型的拟合模型的基础。在本节中，将对第4章SUV车型代表性语义分值获取实验中，SUV车型的高典型性族群样本（23个）的11个代表性语义分值进行加权处理，加权处理分为语义原始数据标准化和加权计算两部分。

5.1.1 语义原始数据的标准化

在SUV车型代表性语义分值获取实验测试中，车型语义词汇和词汇对打分取值范围不同，前5组是语义词对，打分取值范围为［-5, 5］，而后6组是单个语义词，打分取值范围为［0, 5］。两者打分取值范围不同，因此需要对原始数据进行标准化处理。本书采用z-score标准化方法，这是一种基于原始数据均值（mean）和标准差（standard deviation）的数据标准化方法，均值标准化公式表示为：

$$a_{ji}{}' = \frac{a_{ji} - \overline{a_i}}{S_i}$$ 式（5-1）

式中a_{ji}表示语义的原始值，$\overline{a_{ji}}$表示第i个语义的均值，S_i表示第i个语义的标准差。根据式（5-1）及各语义的均值和标准差（表5-1），将语义的原始值矩阵M_{ji}（详见附录C-1）转化为标准化矩阵$M_{ji}{}'$，如表5-2所示（详见附表C-2）。

各语义得分的均值和标准差　表 5-1

	均值	标准差
语义 1	−0.6426086957	2.31654467883
语义 2	−1.5917391304	1.77110559249
语义 3	−1.0578260870	2.14693535602
语义 4	−0.7686956522	2.02901298071
语义 5	−0.3269565217	1.37304467511
语义 6	2.3556521739	0.41023359296
语义 7	2.2076086957	0.42777667699
语义 8	2.4600000000	0.83868132424
语义 9	2.7543478261	0.89665705457
语义 10	2.7430434783	0.79170090072
语义 11	2.8039130435	0.78601693904

标准化处理后的 SUV 车型造型原型语义词汇期望值矩阵 M_{ji}^{*}　表 5-2

	语义 1	语义 2	语义 3	…	…	语义 10	语义 11
样本 1	1.13212	1.59321	1.55935	…	…	−1.26063	−1.03549
样本 2	0.75224	0.14496	0.15037	…	…	−0.55961	−0.28487
样本 3	0.48245	0.53172	0.60217	…	…	−0.49014	−0.51387
样本 4	0.24502	0.18448	0.14571	…	…	−0.29436	−0.32304
样本 5	−1.48816	−1.40492	−1.65686	…	…	1.08242	1.78888

续表

	语义 1	语义 2	语义 3	…	…	语义 10	语义 11
样本 6	1.36091	0.70111	1.08426	…	…	-0.26910	-1.03549
…	…	…	…	…	…	…	…
…	…	…	…	…	…	…	…
样本 22	-0.63991	-0.15429	-0.17335	…	…	-0.28804	0.24947
样本 23	-0.45429	-0.30391	-0.56926	…	…	0.08457	0.06499

5.1.2 语义加权计算

本书认为，从原型范畴的角度，语义的权重关系是由范畴成员在原型范畴中的位置决定的，因此需要对不同样本的代表性语义分值进行加权处理。值得注意的是，这是一种基于原型范畴理论的语义加权处理方法。过去的设计研究中，语义或不做权重处理[187]，或根据被试者的身份、知识背景、权威性做加权处理[188]，即各语义本身处于平等关系。而本书所用的语义加权，则是一种包含了车型代表性语义分值和车型典型程度的处理方法，在语义驱动中加入了造型原型和原型范畴的概念。

根据原型范畴的典型性分析，不同范畴成员在原型范畴内的典型程度，决定了它对原型构成的贡献度。因此，越是典型程度高的成员越具有代表原型的资格，那么评价这一成员的语义分值也就更加趋近于对原型的评价。因此，对SUV车型语义分值的加权处理就是对语义评价贡献程度的原型范畴化过程，简称原型化。如图5-1所示，按照原型权重系数，对标准化后的代表性语义分值进行了重新分配。

取第4章SUV车型典型性测试实验中，23个SUV车型的高典型族群样本典型性得分，根据原型权重系数公式（2-13），语义的原型化推导计算如下：

已知，第j个样本典型性得分均值为$\overline{M_j}'$，样本典型性均值之和为$\sum_{j=1}^{23}\overline{M_j}'$，

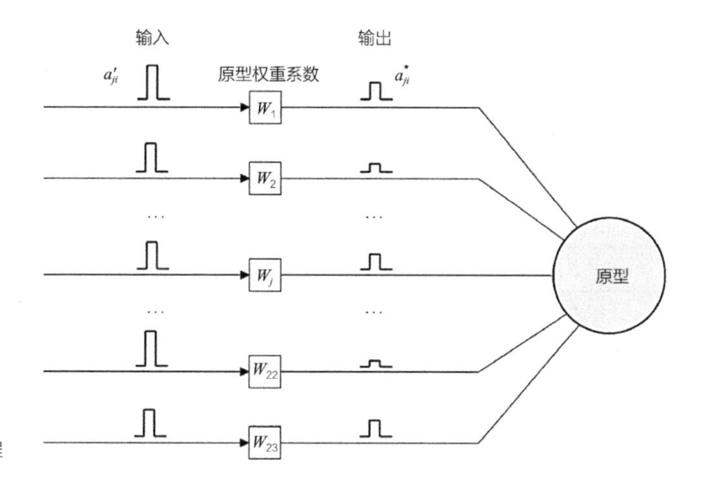

图 5-1　语义分值原型化过程

那么第 j 个样本的原型权重系数 W_j 可表示为：

$$W_j = \frac{\overline{M_j}'}{\sum_{j=1}^{23} \overline{M_j}'} \qquad 式（5\text{-}2）$$

由于权重总和W必为1，则有：

$$W = \sum_{j=1}^{23} W_j = W_1 + W_2 \cdots + W_j \cdots + W_{13} = 1 \quad 式（5\text{-}3）$$

车型代表性语义分值原型化可表示为：

$$a^*_{ji} = W_j \times a_{ji}' \qquad 式（5\text{-}4）$$

其中，a_{ji}'表示为第j个样本的第i个语义均值的标准化数值，a^*_{ji}是a_{ji}'经过原型化处理后的数值。依据样本在典型性测试中的均值 $\overline{M_j}$（表5-3），根据式（5-2）可计算得到各样本的原型权重系数W_j（表5-4），再根据式（5-4），计算得到原型化后的a^*_{ji}。

样本典型性得分均值 $\overline{M_j}$ 表 5-3

	均值		均值
样本 1	5.3000	样本 13	5.3469
样本 2	5.4219	样本 14	5.5313
样本 3	5.5875	样本 15	5.2187
样本 4	5.3281	样本 16	5.3250
样本 5	3.9000	样本 17	4.8219
样本 6	4.8844	样本 18	6.9563
样本 7	6.0781	样本 19	7.4719
样本 8	5.1687	样本 20	5.3062
样本 9	5.6531	样本 21	5.1813
样本 10	6.6313	样本 22	6.0719
样本 11	5.2500	样本 23	5.3531
样本 12	5.0531		

原型权重系数 W_j 表 5-4

	W_j		W_j
样本 1	0.040200029	样本 13	0.040555762
样本 2	0.04112463	样本 14	0.041954419
样本 3	0.042380691	样本 15	0.047168287
样本 4	0.047998076	样本 16	0.040389652
样本 5	0.029581154	样本 17	0.036573683
样本 6	0.03704774	样本 18	0.052762918
样本 7	0.046101849	样本 19	0.056673698
样本 8	0.03920413	样本 20	0.047831967
样本 9	0.042878261	样本 21	0.046884612
样本 10	0.050297822	样本 22	0.046054822
样本 11	0.047405695	样本 23	0.040602788
样本 12	0.038327315		

原型化处理后矩阵的M_{ji}'转换为矩阵M_{ji}^{*}（表5-5），数值取到小数点后8位。

$$M_{ji}^{*}=\begin{bmatrix} w_1 a_{11}' & \cdots & w_i a_{1i}' \\ \vdots & \ddots & \vdots \\ w_1 a_{j1}' & \cdots & w_j a_{ji}' \end{bmatrix}, i=1,2,3,\cdots,11; j=1,2,3,\cdots,23 \quad 式（5\text{-}5）$$

原型化后的语义分值矩阵详见附表C-3。

原型化后的矩阵 M_{ji}　　表 5-5

	语义 1	语义 2	语义 3	…	…	语义 10	语义 11
样本 1	0.04551126	0.06404709	0.06268592	…	…	−0.05067736	−0.04162673
样本 2	0.03093559	0.00596143	0.00618391	…	…	−0.02301375	−0.01171517
样本 3	0.02044656	0.02253466	0.02552038	…	…	−0.02077247	−0.02177817
样本 4	0.01176049	0.00885469	0.00699380	…	…	−0.01412871	−0.01550530
样本 5	−0.04402149	−0.04155916	−0.04901183	…	…	0.03201923	0.05291714
样本 6	0.05041864	0.02597454	0.04016938	…	…	−0.00996955	−0.03836256
…	…	…	…	…	…	…	…
…	…	…	…	…	…	…	…
样本 22	−0.02947094	−0.00710580	−0.00798360	…	…	−0.01326563	0.01148930
样本 23	−0.01844544	−0.01233959	−0.02311354	…	…	0.00343378	0.00263878

5.2　语义驱动的辅助设计拟合模型构建

这里，拟合模型是基于造型原型构建的，辅助设计是指特征关系的生成，语义驱动是指以语义作为系统的输入。本节分语义输入处理、参数化语义关系的拟合模型构建和非参数化特征关系的语义拟合三个部分进行讨论。

5.2.1 语义输入处理

（1）语义输入的多重共线性问题

通过人工筛选获取得到的产品语义彼此间会存在一定的相关性，例如，形容词对“男性化的—女性化的”与“硬朗的—圆润的”，形容词“霸气的”与“强劲的”，均蕴含着类似或相近的意思。如果语义相关关系太强，则会在统计分析中产生多重共线性[189]，严重的多重共线性会导致无法估计模型参数[190]。如不做相应处理，则会使模型与实际相差甚远，不能很好地解释汽车造型的变化[191]。

解决多重共线性的方法有偏最小二乘回归、岭回归、主成分分析等方法。本书采用主成分分析法，以语义的主成分作为回归模型构建的中介，对主成分与特征关系参数做回归，并利用主成分与原型化后的语义值的关系，求得各语义值与特征参数间的回归模型。因此，基于主成分分析，语义主成分与语义值间的关系如下。

$$\begin{cases} X_1^* = u_{11}x_1^* + u_{12}x_2^* + \cdots + u_{1i}x_i^* \\ X_2^* = u_{21}x_1^* + u_{22}x_2^* + \cdots + u_{2i}x_i^* \\ \cdots \\ X_k^* = u_{j1}x_1^* + u_{j2}x_2^* + \cdots + u_{ji}x_i^* \end{cases} \qquad \text{式（5-6）}$$

式中X_i^*是原型化后的语义值，X_k^*是萃取得到的语义主成分，K表示有K个主成分被萃取出，u_{ji}是成分得分系数。

（2）原型化语义的主成分提取

语义主成分分析的KMO和Bartlett球形检验值如表5-6所示，KMO值为0.874，Bartlett球度统计量值为489.163，*Sig.*为0，说明SUV车型造型原型的代表性语义分值非常适合做主成分分析。

KMO和Bartlett球形检验 表5-6

取样足够度的 Kaiser-Meyer-Olkin 度量	Bartlett 的球形度检验近似卡方	*df*	*Sig.*
0.874	489.163	55	0.000

由主成分分析的总方差解释（表5-7）可知，第一个主成分的解释量为81.833%，特征值为9.002，第二个主成分的解释量为10.827%，特征值为1.191，两个主成分就已经对原有变量的解释累计量达到92.660%。此外，从碎石图（图5-2）也可以看出，图中两个碎石点之后的陡峭程度较为平缓，取两个主成分较为合适。按照以上分析结果，11代表性语义可转化为2个语义主成分。

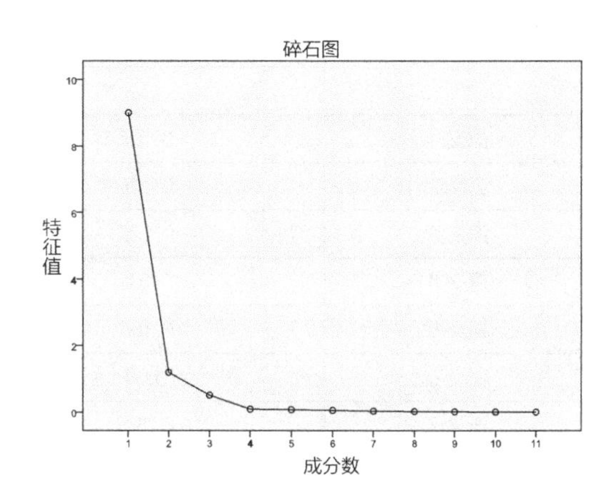

图5-2 碎石图

总方差解释 表5-7

成分	初始特征值			提取平方和载入		
	合计	方差的 %	累积 %	合计	方差的 %	累积 %
1	9.002	81.833	81.833	9.002	81.833	81.833
2	1.191	10.827	92.660	1.191	10.827	92.660
3	0.509	4.625	97.285			
…	…	…	…			
11	0.005	0.046	100.000			

根据成分得分系数矩阵（表5-8），由式（5-6）可得到：

$$\begin{cases} X_1^* = 0.105x_1^* + 0.195x_2^* + \cdots - 0.104x_{10}^* - 0.106x_{11}^* \\ X_2^* = 0.110x_1^* + 0.042x_2^* + \cdots + 0.202x_{10}^* - 0.033x_{11}^* \end{cases} \quad 式（5-7）$$

成分得分系数矩阵　　表 5-8

	成分	
	1	2
语义 1	0.105	0.195
语义 2	0.110	0.042
语义 3	0.108	0.108
语义 4	0.108	0.127
语义 5	0.107	-0.056
语义 6	-0.011	0.829
语义 7	0.093	-0.112
语义 8	-0.107	0.145
语义 9	-0.103	-0.080
语义 10	-0.104	0.202
语义 11	-0.106	-0.033

x_1^*、x_2^*、…、x_{10}^*、x_{11}^*是11个经过标准化及原型化的SUV车型代表性语义分值，X_1^*、X_2^*是萃取获得的两个语义主成分。此外，通过主成分分析还获得两个语义主成分的特征值，如表5-9所示。

主成分特征值　　表 5-9

FAC（主成分特征值）					
	X_1^*	X_2^*		X_1^*	X_2^*
样本 1	1.23697	0.64823	样本 3	0.47474	0.00334
样本 2	0.18152	0.22071	样本 4	0.30149	-0.5214

续表

FAC（主成分特征值）					
	X_1^*	X_2^*		X_1^*	X_2^*
样本 5	-1.05484	-1.59184	样本 15	1.14149	1.04064
样本 6	0.773	0.82961	样本 16	-1.26175	-1.59037
样本 7	2.24396	-1.75279	样本 17	-0.20478	-0.65662
样本 8	-0.23087	0.25987	样本 18	0.22898	1.53731
样本 9	-1.76818	0.99008	样本 19	0.0055	0.20756
样本 10	1.26153	-0.3487	样本 20	-1.43798	0.07795
样本 11	-0.79614	-0.8971	样本 21	-0.52365	1.45294
样本 12	1.03721	0.69232	样本 22	-0.09992	-1.65409
样本 13	-0.01198	0.20158	样本 23	-0.28273	-0.20937
样本 14	-1.21359	1.06014			

5.2.2　参数化特征关系的拟合模型构建

所谓拟合模型是指通过拟合方程表达汽车造型原型的特征关系。因此，拟合方程求解是拟合模型构建的核心问题。本书中具体表现为SUV侧面轮廓的特征关系参数与代表性语义分值的映射关系。本小节通过回归分析，构建SUV造型特征关系的拟合模型。

回归分析是对自变量（原型化语义值）和因变量（特征关系参数）所进行的数理统计分析处理，但回归前提是只有当两组数据确实存在某种关系时，建立的拟合模型才有意义[192]。因此，两组数据在回归分析之前需进行相关分析，以检验数据之间是否存在回归可能。综上所述，拟合模型构建将分为相关分析，回归分析及拟合模型构建两个步骤。

步骤一：相关分析。

进行语义主成分特征值与特征关系参数相关分析得到相关分析表（表5-10）。根据相关显著性*sig*.结果（显著性*sig*.小于0.05，才表示为显著相关），表5-10中所有特征关系参数与（至少一个）主成分特征值均存在显著相关，则可与存在显著相关的主成分进行回归分析。

主成分特征值与特征参数值的相关分析表　　表5-10

	主成分 1		主成分 2	
	Pearson 相关性	显著性（双侧）	Pearson 相关性	显著性（双侧）
A	-0.561	0.005**	-0.596	0.003**
B	0.822	0.000**	0.007	0.975
C	-0.555	0.006**	0.355	0.096
D	-0.565	0.005**	-0.310	0.149
E	-0.649	0.001**	-0.168	0.443
F_1	-0.151	0.491	0.644	0.001**
F2	-0.524	0.010**	-0.378	0.075
G_1	0.201	0.358	-0.481	0.020*
G_2	0.705	0.000**	0.448	0.032
H	-0.636	0.001**	-0.532	0.009**
I	-0.656	0.001**	-0.313	0.146
J	0.457	0.028*	-0.233	0.284
K	-0.174	0.427	-0.433	0.039*

*：在 0.05 水平（双侧）上显著相关。

**：在 0.01 水平（双侧）上显著相关。

步骤二：回归分析及拟合模型构建。

本书在拟合模型构建中，综合考虑*R square*（方程的确定系数）与*F*值（总体的显著性），以决定采用一元还是二次项回归方程。

以SUV车型造型车高与车长之比的统计分析和拟合模型构建为例，因变量为特征关系参数*A*（车高与车长之比），变量为主成分1、主成分2。回归分析得到最终模型的拟合优度检验表（表5-11）与回归方程*A*系数表（表5-12），可知当主成分1、主成分2进入回归后，显著性*sig.*为0.00，*R square*为0.669，说明特征参数与语义主成分存在较为理想的映射关系。根据表中数据，得到拟合模型A，如下：

$$A=0.390-0.022X_1^*-0.023X_2^* \quad \text{式（5-8）}$$

回归方程 *A* 最终模型的拟合优度检验表　　表 5-11

模型	R	R^2	调整 R^2	标准估计的误差
1	0.818	0.669	0.636	0.02380145

回归方程 *A* 系数表　　表 5-12

模型		非标准化系数		标准系数	*sig.*
		B	标准误差		
1	（常量）	0.390	0.005		0.000
	主成分 1	−0.022	0.005	−0.561	0.000
	主成分 2	−0.023	0.005	−0.596	0.000

其余拟合模型的图表及具体分析，最终得到所有的拟合模型，如表5-13所示。

拟合模型列表　　表 5-13

	特征关系	*R square*	拟合方程
A	车高与车长之比	0.669	$A=0.390-0.022X_1^*-0.023X_2^*$
B	前悬长度与车长之比	0.676	$B=0.184+0.020X_1^*$
C	后悬长度与车长之比	0.308	$C=0.205-0.017X_1^*$
D	车头长度与前悬长度之比	0.345	$D=1.489-0.193X_1^*$

续表

	特征关系	*R square*	拟合方程
E	离地间隙与车高之比	0.421	$E=0.177-0.018X_1^*$
F	车颈高度与车高之比	0.414	$F=0.688-0.014X_2^*$
G_1	前保险杠厚度与前悬长度之比	0.275	$G_1=0.093-0.055X_1^*$
G_2	后保险杠厚度与后悬长度之比	0.232	$G_2=0.080-0.018X_2^*$
H	前风挡倾角	0.698	$H=153.836+9.722X_1^*+6.169X_2^*$
I	风窗角度	0.688	$I=36.182-7.015X_1^*-5.874X_2^*$
J	后风窗角	0.430	$J=57.243-10.676X_1^*$
K	车身倾角	0.391	$K=0.003+0.614X_1^*-0.414X_1^{*2}$
L	车顶倾角	0.188	$L=0.922-0.329X_2^*$

其中，A、B、H、I四个特征关系的拟合方程具有较为理想的拟合度，*R square*均在0.5以上，说明两者存在较为理想的映射关系。从设计角度来看，这几处特征关系在SUV车型中具有更加稳定的造型表现，对提升汽车的SUV车型感觉能够起到显著作用。而G_1、G_2、L三个特征关系的拟合度均低于0.3，说明在同类车型中具有较为明显的造型差异，因此造成拟合度较低。

5.2.3 非参数化特征关系的语义拟合

参数化特征关系拟合方程可以计算和预测汽车造型的整体车型风格，也可以说是汽车造型的整体车型框架，其语义输入是一种参数化形式的输入方式。非参数化特征关系是根据特征的6个状态来拟合输入的语义，以实现更加符合预期的设计，其辅助方式是根据语义选择特征关系的状态。本书将通过对比6个特征关系不同状态下样本的典型性得分和各语义分值，对各非参数化特征关系的语义拟合进行分析和讨论，具体方法分为两个步骤：

步骤一，对23个样本的6个特征关系的状态进行标定，得到表5-14。其中，由于语义1～5项的分值范围为-5～5分，分值中有负数，不便于状态对比分析，因此将原始语义分值加5再除以2，使分值保持在0～5分的区间内。

特征状态参数表　　　　表5-14

	样本											
	1	**2**	**3**	**4**	**5**	**6**	**7**	**8**	**9**	**10**	**11**	**12**
M_1	0	0	1	0	0	0	1	1	0	1	1	1
M_2	0	0	0	0	0	0	0	0	0	0	0	0
N_1	1	0	0	1	1	0	1	0	0	1	1	0
N_2	1	1	1	1	1	1	0	1	0	0	1	0
O	1	2	1	1	2	2	1	1	2	2	1	1
P	1	1	1	1	0	0	1	1	0	1	1	1

	样本											
	13	**14**	**15**	**16**	**17**	**18**	**19**	**20**	**21**	**22**	**23**	
M_1	1	1	0	0	0	1	1	0	1	1	0	
M_2	0	0	0	0	0	0	0	0	0	0	0	
N_1	1	1	1	1	1	1	1	1	1	1	0	
N_2	0	1	1	0	0	1	0	1	1	1	1	
O	1	2	1	2	2	1	2	2	2	1	2	
P	0	0	1	0	0	0	0	0	1	1	0	

步骤二，统计分析各特征状关系态下样本的语义分值情况。综合考虑，当不同特征关系状态下对应的语义分值之比大于1.15或小于0.85时，本书才视为两者存在显著差异，并对语义拟合做出简要分析和说明。

前脸倾角$\angle M_1$。状态0，$\angle M_1 \approx 0°$，前脸呈竖直斜状态；状态1，$\angle M_1 > 0°$，前脸呈向内倾斜状态。由表可知，样本中状态0与状态1各占11个和12个，分别占总数的48%和52%，所占比例无明显差别。根据表5-15可知，样本前脸倾角的状态0与状态1相比，与男性化、硬朗和粗犷三项语义有较为明显的语义拟合关系。

前脸倾角$\angle M_1$描述统计量　　表5-15

	均值		
	状态0	状态1	比值
典型性得分	5.4059	6.0534	0.893035319
语义1	1.97275	2.3675	0.833262936
语义2	1.52955	1.86415	0.820508006
语义3	1.7618	2.1629	0.814554533
语义4	1.87775	2.33375	0.80460632
语义5	2.19135	2.4696	0.887329932
语义6	2.3095	2.3979	0.963134409
语义7	2.1077	2.2992	0.91671016
语义8	2.6105	2.3221	1.124197924
语义9	2.9532	2.5721	1.148166868
语义10	2.9286	2.5729	1.138248669
语义11	3.0032	2.6213	1.145691069
有效的N	11	12	0.9167

后脸倾角$\angle M_2$。状态0，$\angle M_2 \approx 0°$，后脸呈竖直状态。所有样本中，$\angle M_2$均表现为姿态0，即后脸呈竖直状态，说明SUV后脸倾角造型较为统一。因此，后脸倾角的语义拟合将不做分析。

前悬角$\angle N_1$。状态0，$\angle N_1 \approx 0°$，前悬下端无明显向上倾斜态势，轮廓线整体成水平走势；状态1，$\angle N_1 > 0°$，前悬下端有明显向上倾斜态势。由表5-16可知，样本中状态0与状态1各占7个和16个，分别占总数的30%和70%，状态1出现的概率是状态0出现的2倍多。由表5-16还可知，样本前悬角的状态0与状态1相比，与城市型的一项语义有较为明显的语义拟合关系。此外，大多数高SUV典型性的样本有明显前悬角的存在，即前悬角的选取与高典型性也有拟合关系。

前悬角$\angle N_1$描述统计量　　表5-16

	均值		
	状态0	状态1	比值
典型性得分	5.3164	5.9307	0.896420321
语义1	2.5625	2.0108	1.274368411
语义2	1.7275	1.6939	1.019835882
语义3	2.01965	1.94985	1.035797625
语义4	2.1607	2.09595	1.030892913
语义5	2.385	2.3153	1.03010409
语义6	2.5200	2.2838	1.103424118
语义7	2.1364	2.2388	0.954261211
语义8	2.5200	2.4338	1.035417865
语义9	2.4814	2.8738	0.863456051
语义10	2.7100	2.7575	0.982774252
语义11	2.6700	2.8625	0.932751092
有效的N	7	16	0.4375

后悬角$\angle N_2$。状态0：$\angle N_2 \approx 0°$，后悬下端无明显向上倾斜态势，轮廓线整体成水平走势；状态1，$\angle N_2 > 0°$，后悬下端有明显向上倾斜态势。由表5-17可知，样本中状态0与状态1各占8个和15个，分别占总数的38%和62%，状态1出现的概率是状态0出现的1.6倍多。样本后悬角的状态0与状态1相比，各语义均未表现出较为明显的语义拟合关系。但大多数高SUV典型性的汽车有明显后悬角存在，即后悬角的选取与高典型性有拟合关系。

后悬角$\angle N_2$描述统计量　　表 5-17

	均值		
	状态 0	状态 1	比值
典型性得分	5.7904	5.7188	1.012520109
语义 1	2.28685	2.121	1.078194248
语义 2	1.7772	1.66515	1.067291235
语义 3	2.08875	1.90835	1.094531925
语义 4	2.19125	2.07535	1.055846002
语义 5	2.42875	2.28735	1.061818261
语义 6	2.2438	2.4153	0.928994328
语义 7	2.2388	2.1910	1.021816522
语义 8	2.2912	2.5500	0.898509804
语义 9	2.6363	2.8173	0.935754091
语义 10	2.6031	2.8177	0.923838592
语义 11	2.6038	2.9107	0.894561446
有效的 N	8	15	0.5333

轮拱造型O。状态1：半圆拱形；状态2：反U形。由表5-18可知，样本中状态1与状态2各占11个和12个，所占比例无明显差别。样本轮拱造型的状态1与状态2相比，与城市型、圆润的、精致的、亲和的、休闲的，以及霸气的、全路况能力的、高大的共9项语义有较为明显的语义拟合关系。其中，状态1对前6项语义起促进作用，对后3项起削弱作用，状态2则反之。

轮拱造型O描述统计量　　表 5-18

	均值		
	状态 0	状态 1	比值
典型性得分	5.8778	5.6208	1.045723029
语义 1	2.71865	1.68375	1.614639941

续表

	均值		
	状态 0	状态 1	比值
语义 2	2.16885	1.2781	1.696932947
语义 3	2.4609	1.5221	1.616779449
语义 4	2.65	1.62585	1.629916659
语义 5	2.7032	2.0004	1.351329734
语义 6	2.3491	2.3617	0.99466486
语义 7	2.3841	2.0458	1.165363183
语义 8	2.0532	2.8329	0.724769671
语义 9	2.3845	3.0933	0.7708596
语义 10	2.2723	3.1746	0.715775216
语义 11	2.4177	3.1579	1.045723029
有效的 *N*	11	12	0.9167

扰流板造型*P*。状态1，有扰流板；状态0，无扰流板。由表5-19可知，样本中状态1与状态2各占11个和12个，所占比例无明显差别。样本扰流板造型的状态0与状态1相比，与11项语义均有较为明显的语义拟合关系。其中，状态0对城市型的、女性化的、圆润的、精致的、亲和的、豪华的、休闲的7项语义起削弱作用，对霸气的、全路况能力的、高大的、强劲的4项语义起促进作用，状态1则反之。

扰流板造型 *P* 描述统计量　　表 5-19

	均值		
	状态 0	状态 1	比值
典型性得分	5.5850	5.8892	0.948346125
语义 1	1.6175	2.69315	0.600597813
语义 2	1.1784	2.18605	0.539054459

续表

	均值		
	状态 0	状态 1	比值
语义 3	1.3907	2.5031	0.555591067
语义 4	1.4832	2.6954	0.550270832
语义 5	1.91025	2.7273	0.700417996
语义 6	2.3727	2.3400	0.600597813
语义 7	1.9809	2.4154	0.820112611
语义 8	2.8859	2.0696	1.394424043
语义 9	3.1927	2.3525	1.357151966
语义 10	3.2364	2.2908	1.412781561
语义 11	3.1523	2.4846	1.26873541
有效的 *N*	11	12	0.9167

综上分析，从样本分布情况来看，所有样本的后脸倾角均为后脸呈竖直状态，拥有前、后悬角的样本在数量上远大于没有的数量（分别为7：16和8：15），其他特征关系基本保持较为均等的样本分布情况（均为11：12）。从样本典型性得分均值得分情况来看，前脸倾角状态与有无前悬角对样本典型性得分均值影响较大，变化程度均超过了10%；其次为有无扰流板造型和轮拱造型（分别为5%和4.6%）；而有无后悬角对样本典型性得分影响不大，状态的差异程度仅为1.3%。

根据以上分析，本书将语义拟合内容以列表形式罗列，如表5-20所示。其中，由于所有样本的$\angle M_2$均为状态0，因此不再进行讨论，删减为5组非参数化特征关系的语义拟合。语义拟合列表中罗列出的状态表示，在参数化特征关系基础上，增大语义分值可选用的非参数化特征关系状态（语义拟合不显著的状态关系将不做填写）。反之，如果欲降低某一语义分值，则选择与表中状态相反的状态。例如想进一步提高辅助方案的城市感（语义1），可采用状态0的

$\angle M_1$，以及状态1的O和状态1的P，而如想降低城市感（即增强越野感），则可采用状态1的$\angle M_1$，以及状态2的O和状态0的P。

语义拟合列表　　表 5-20

	$\angle M_1$	$\angle N_1$	$\angle N_2$	O	P
典型性得分		状态 1	状态 1		
语义 1		状态 0		状态 1	状态 1
语义 2	状态 1				状态 1
语义 3	状态 1			状态 1	状态 1
语义 4	状态 1			状态 1	状态 1
语义 5				状态 1	状态 1
语义 6					状态 1
语义 7				状态 1	状态 1
语义 8				状态 2	状态 0
语义 9				状态 2	状态 0
语义 10				状态 2	状态 0
语义 11					状态 0

非参数化特征关系的语义拟合在参数化特征关系的拟合模型基础上，进一步促使辅助方案能够向着既定目标做出局部调整，从而达到减少试错的迭代次数、提高设计效率、减少设计成本的目的。

5.3　SUV辅助设计方案及检验

造型辅助由13个特征关系的拟合模型与5个特征关系的语义拟合组成，构建了SUV车型代表性语义与造型关系的映射通道。通过拟合模型与语义拟合，输入任意一组车型代表性语义分值，即可获得对应的造型原型视觉模式。

5.3.1 特征关系参数辅助

首先，根据SUV车型的代表性语义，输入语义分值。此处，输入的语义分值来源于对设计师采访语录的分析。为使整个采访过程更加自然、流畅，本书采用访谈问答，而不是直接打分的形式，间接获取了11个语义分值。在访谈中，被访谈设计师（没有参与以上所有测试的工业设计师）期望获取得到一辆较为城市型的SUV，带有中性色彩，但略偏向男性。此外，稍微带有圆润、精细、亲和感，略微具有豪华感、休闲感，但不显得过于霸气和高大，并看上去有强劲动力和很好的全路况能力。基于以上描述，将把每个语义的评价程度转换为语义分值，如表5-21所示：

设计师期望的 SUV 语义分值　　表 5-21

语义 1	语义 2	语义 3	语义 4	语义 5	语义 6	语义 7	语义 8	语义 9	语义 10	语义 11
2	-1	1	2	2	3	4	1	4	2	4

由于拟合模型的输入要求是经过标准化处理后的a_{ji}^*，而非原始数据a_{ji}。因此，在获取一组新的语义分值之后，需要标准化处理。当输入的语义词汇期望值为:

$$\{语义|u_1,u_2,\cdots,u_k,\cdots,u_{11}\},k\in[1,11]$$

根据标准化换算公式5-1，拟合模型的输入数据u_k^*为：

$$u_k^*=\frac{u_k-\overline{u_k}}{s_k} \qquad 式（5\text{-}9）$$

$\overline{u_k}$ 表示语义输入均值，s_k表示语义输入的标准差。由此，经过标准化处理之后的语义分值如表5-22所示：

标准化处理之后的语义分值　　表 5-22

语义 1	语义 2	语义 3	语义 4	语义 5	语义 6	语义 7	语义 8	语义 9	语义 10	语义 11
-0.11826	-2.06959	-0.76871	-0.11826	-0.11826	0.53218	1.18262	-0.76871	1.18262	-0.11826	1.18262

根据因子负荷矩阵关系［式（5-7）］，求得主成分X_1^*、X_2^*，分别为-0.39700567，-0.16166437。那么，依照各特征关系的拟合模型（表5-13），得到：车高与车长之比为A（0.402452），前悬长度与车长之比为B（0.17606），后悬长度与车长之比为C（0.211749），车头长度与前悬长度关系为D（1.565622），离地间隙与车高之比为E（0.184146），车颈高度与车高关系为F（0.685737），前保险杠厚度与前悬长度之比为G_1（0.114835），后保险杠厚度与后悬长度之比为G_2（0.08291），前风挡倾角为H（148.979°），风窗角度为I（39.91661°），后风窗角为J（61.48143°），车身倾角为K（-0.20795°），车顶倾角为L（0.963763°）。

5.3.2　侧面轮廓造型辅助

根据计算结果，对被访谈设计师期望的SUV进行视觉模式化表征，表征步骤如下：

步骤一，SUV（A）特征关系基本框架图获取。

预设长度为1000单位（本书采用软件Alias2009）。则车高为402.45单位，离地间隙为74.11单位，前悬为176.06单位，后悬为211.75单位，车头长度为275.64单位，车颈高度为275.98单位，前保为20.22单位，后保为17.56单位。前风挡倾角、风窗角度、后风窗角车身倾角4个特征关系不需重新计算。由此获得SUV（A）特征关系基本框架图，如图5-3所示。图中，B点为引擎盖前端点，C点为车顶前端点，D点为车顶后端点，E点为后窗下折点，A点和F点是前后车保的高度位置，可对这两点做适当的高度调整。具体表征步骤如下所示，逐步生成汽车侧面的特征关系基本框架图。

1）第一阶段，基本框架生成。生成步骤1（图5-3）——车长：1000单位（此处“单位”不表示实际长度）。

2）生成步骤2（图5-4）——车高：车长（1000）×A（0.402452）=402.5单位。

图 5-3 生成步骤 1——框架定位，设定车长参考长度

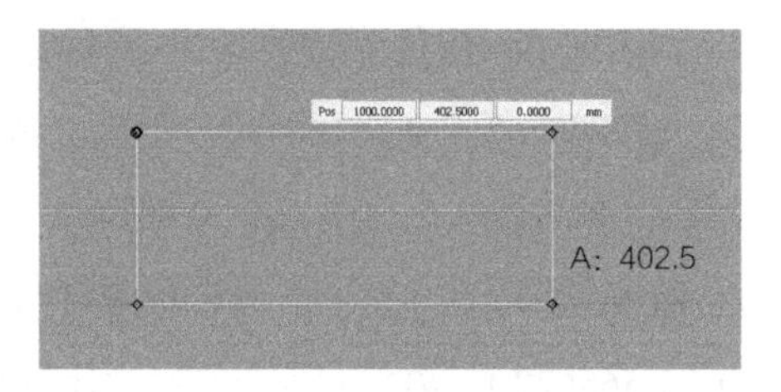

图 5-4 生成步骤 2——根据侧面车长确定车高

3）生成步骤3（图5-5）——离地间隙：车高（402.5）$\times E$（0.184146）=74单位。

4）生成步骤4（图5-6）——前悬：车长（1000）$\times B$（0.17606）=176单位；后悬：车长（1000）$\times C$（0.211749）=212单位。

5）生成步骤5（图5-7）——车颈点确定，长度：前悬（212）$\times D$（1.565622）=276；高度：高度（402.5）$\times F$（0.685737）=276。

6）生成步骤6（图5-8）——过颈点，根据前风窗角度I（39.91661°）和

图 5-5 生成步骤 3——根据侧面车高算出离地间隙

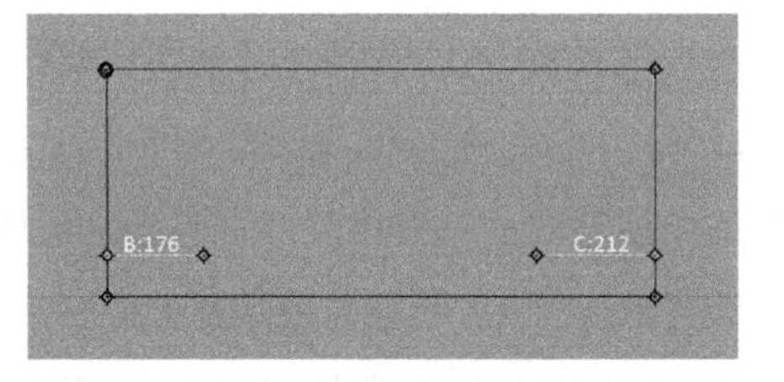

图 5-6 生成步骤 4——根据车长计算得到前后悬长度

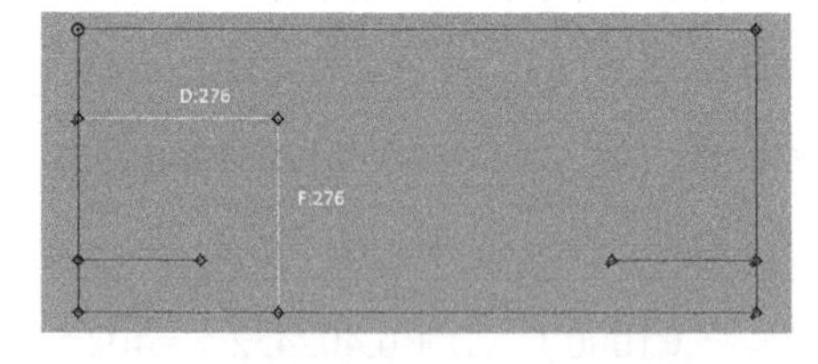

图 5-7 生成步骤 5——获得车颈点在侧面的位置

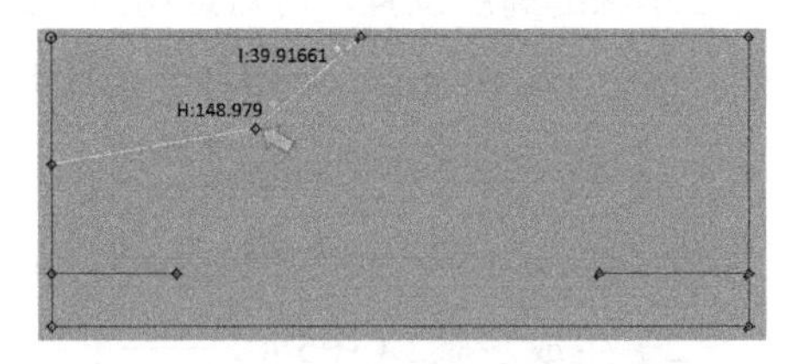

图 5-8 生成步骤 6——确定汽车前风窗玻璃与引擎盖框架

前风挡倾角H（148.979°　）得到汽车前风窗玻璃与引擎盖框架线条。

7）生成步骤7（图5-9）——前保险杠厚度：前悬（176）×G_1（0.114835）=20；后保险杠厚度：后悬（212）×G_2（0.08291）=18。

8）生成步骤8（图5-10）——过颈点，根据车身倾角K（−0.20795°　）做直线，与后保延长线交于一点。

9）生成步骤9（图5-11）——过交点，根据后风窗角J（61.48143°　），得到后风窗框架线条。后风窗框架线条延长与车高线相交后，由交点引出，根据车顶倾角L（0.963763°　）获得车顶框架线条。

10）生成步骤10（图5-12）——做适当整理，并加上车轮。

11）第二阶段，造型处理。对绘制线条进行完善与优化，最终效果如图5-13所示。

步骤二，SUV（A）特征关系输出框架图获取。

综合考虑本章对5个非参数化特征关系的语义拟合，本书将采用倾斜前脸、有前后悬角、半圆拱形轮拱、有扰流板造型，这样可以使整车更加具有圆

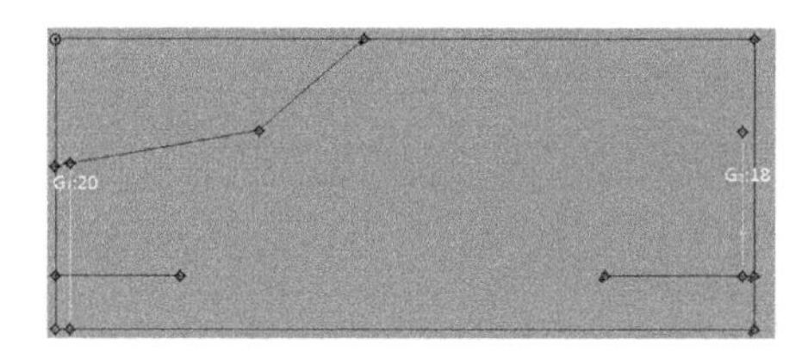

图 5-9　生成步骤 7——根据前悬后悬计算得到汽车前后保厚度

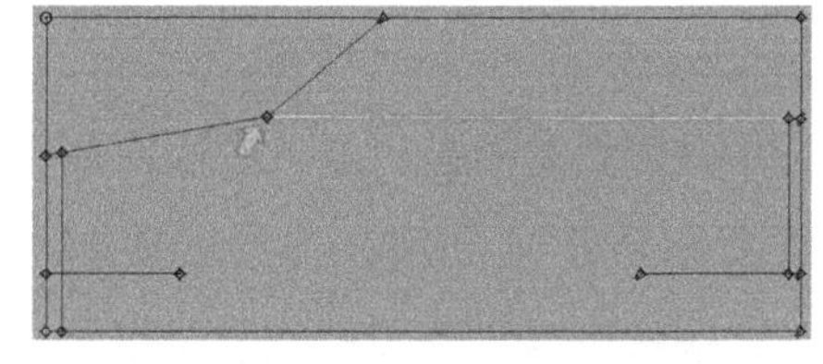

图 5-10　生成步骤 8——由颈点确定点

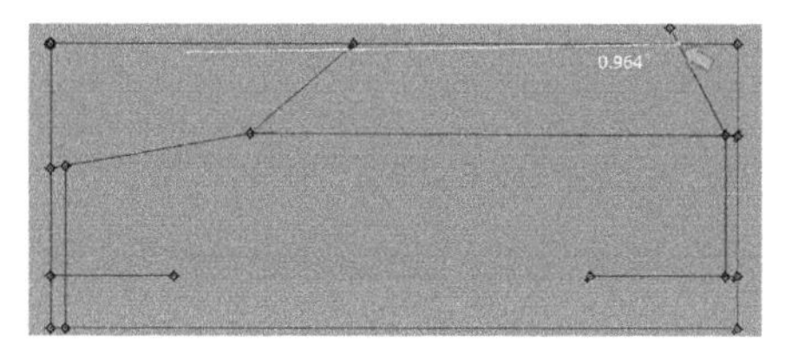

图 5-11　生成步骤 9——基于点，可陆续完成后风窗与车顶框架线条

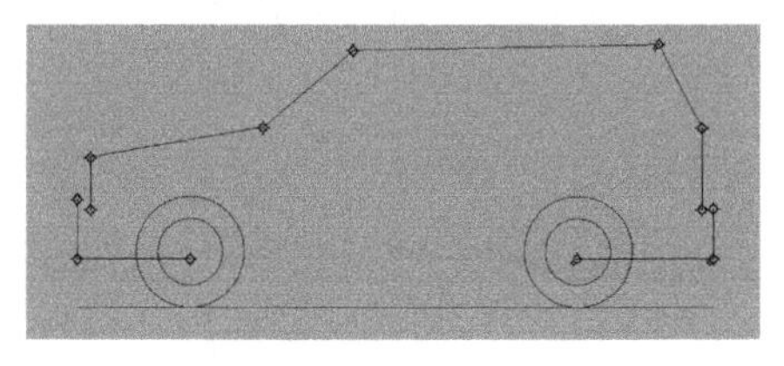

图 5-12　生成步骤 10——完成以上步骤，得到汽车侧面特征关系基本框架图

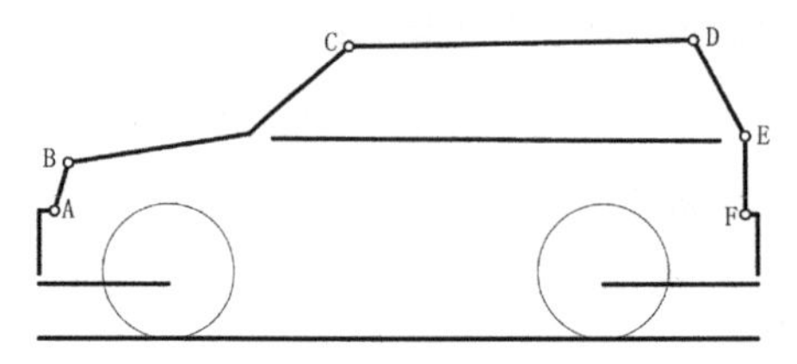

图 5-13 SUV（A）特征关系基本框架图

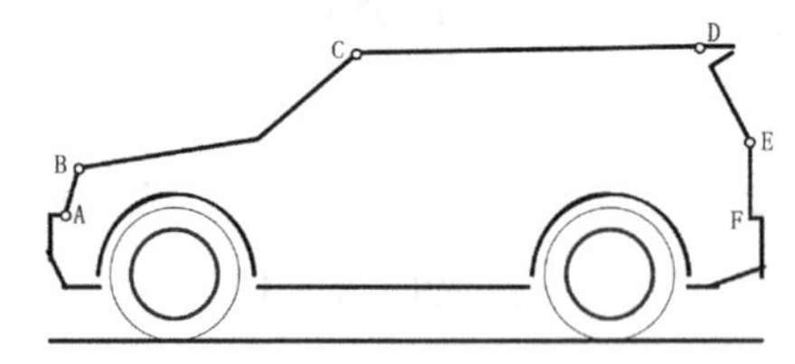

图 5-14 SUV（A）特征关系输出框架图

润、精细、亲和、休闲感，并能够适当削弱霸气、高大的感觉。此外，车轮部分采用扁平较大的轮胎尺寸和轮胎，且具有较宽的轮胎跳动间隙。由此可得特征关系输出框架图，如图5-14所示。

步骤三，SUV（A）辅助方案输出。

设计师可以借助特征关系输出框架图，绘制SUV输出框架外端曲线造型。但必须注意，B、C、D、E四点是轮廓中两端特征线过渡最明显的转折处，按照本书4.4.1小节中对测量点定位的要求，过点线段必须同时满足曲线曲率最小且光滑、连续。由此，轮廓线既需要具有造型美感又必须符合定位要求。本书在特征关系输出框架图基础上，绘制得到SUV（A）的辅助方案，如图5-15所示。

需要强调的是，过点线段在曲线曲率最小且光滑、连续的限制下，依然可以绘制多种造型风格的曲线，如图5-16所示。因此，SUV辅助方案并非同一语义分值下的“唯

图 5-15 SUV（A）辅助方案

图 5-16 三条基于基本框架图和曲线获取原则的曲线

一解”，而本书只是取了其中的一个方案而已。

为强化辅助方案的视觉冲击力，本书对SUV（A）辅助方案边缘线进行了艺术化处理（图5-17），在不影响方案体量感的前提下适当加粗边缘线，并刻意保留部分不完整、不确定之处，在一定程度上增强了方案的多义性[193]和图面效果的设计艺术感。

图 5-17　艺术化处理后的 SUV（A）辅助方案

5.3.3　辅助设计检验

辅助方案必须至少满足两个基本要求：第一，不同语义分值获取的SUV轮廓造型有较为明显的差异性；第二，由预设语义分值获取的造型与后期评价分值具有一致性。

差异性检验。为验证这一基本要求，本书补充了两组信息语义值获取的辅助方案，分值如表5-23与表5-24所示：

语义期望（B）分数　　表 5-23

语义 1	语义 2	语义 3	语义 4	语义 5	语义 6	语义 7	语义 8	语义 9	语义 10	语义 11
-5	-5	-5	-5	-5	5	5	5	5	5	5

语义期望（C）分数　　表 5-24

语义 1	语义 2	语义 3	语义 4	语义 5	语义 6	语义 7	语义 8	语义 9	语义 10	语义 11
5	5	5	5	5	1	1	1	1	1	1

根据以上两组语义分值，获得辅助方案SUV（B）、SUV（C）关系输出框架图，造型线条图，及线条艺术化之后的侧面轮廓造型。

1）方案B（图5-18 ~ 图5-20）。

2）方案C（图5-21 ~ 图5-23）。

图 5-18 方案 B 关系输出框架图

图 5-19 方案 B 造型线条图

图 5-20 线条艺术化之后的侧面轮廓造型 B

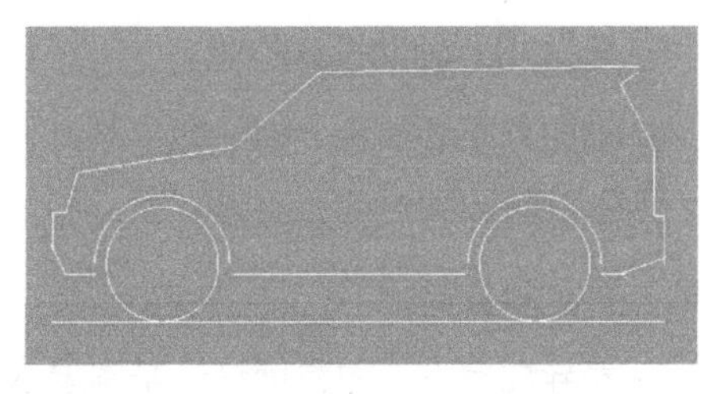

图 5-21 方案 C 关系输出框架图

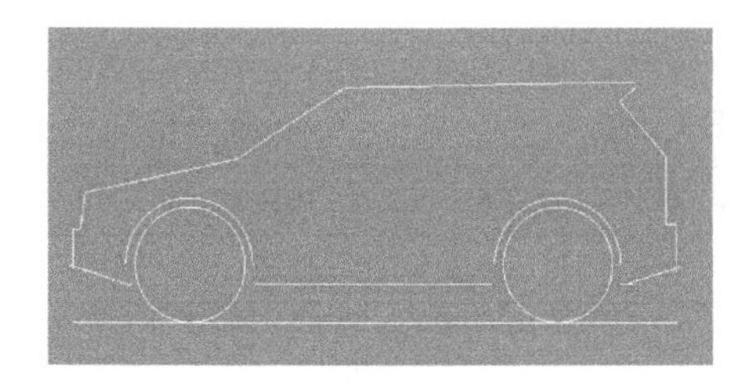

图 5-22 方案 C 造型线条图

图 5-23 线条艺术化之后的侧面轮廓造型 C

由图5-24中ABC三款辅助方案彼此对照可知，赋予分值不同，辅助方案存在明显差异性，满足差异性要求。对比图如下。

一致性检验。再次邀请被访谈设计师，对SUV（A）辅助方案进行评价，评价采用打分制，得分如表5-25所示。

图 5-24　ABC 三款辅助方案对比

由表5-25与图5-25可知，评估分值与预期分值部分分值一致，但部分分值存在一定差异，总体前后分值表现为基本一致。

被访谈设计师对 SUV（A）辅助方案的评价分值　　表 5-25

语义 1	语义 2	语义 3	语义 4	语义 5	语义 6	语义 7	语义 8	语义 9	语义 10	语义 11
-2	-2	1	1	1	4	2	3	4	3	4

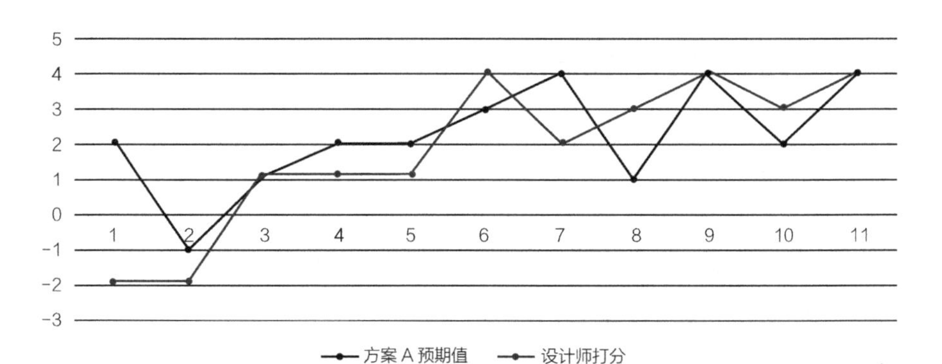

图 5-25　SUV（A）方案预期值与设计师打分趋势折线图

SUV（B）、SUV（C）方案则由3名研究生（2名女生，1名男生）打分，评价均值如表5-26、表5-27所示。

SUV 轮廓造型 B 评价均值　　表 5-26

语义 1	语义 2	语义 3	语义 4	语义 5	语义 6	语义 7	语义 8	语义 9	语义 10	语义 11
-4.66667	-4.66667	-5	-2.66667	-3	2.333333	1	4.333333	4.666667	4.333333	4.666667

SUV 轮廓造型 C 评价均值　　表 5-27

语义 1	语义 2	语义 3	语义 4	语义 5	语义 6	语义 7	语义 8	语义 9	语义 10	语义 11
4.333333	3.666667	4.333333	3.333333	4.333333	1.666667	1.666667	1	1.66667	1.666667	1.333333

SUV（B）、SUV（C）方案的预期值与用户打分结果也基本保持一致。A、B、C三个样本的检验说明，SUV辅助方案与预期语义所表达的最初意图是基本保持一致的，能够满足一致性要求。

综上所述，基于造型原型的SUV语义驱动造型辅助设计，在辅助样本的差异性和一致性两个指标上均通过验证。

5.4 SUV辅助设计方案应用

在设计过程中，概念设计阶段对整个产品其他阶段都有着重要的影响[194]。概念设计阶段的特点是含糊不清的知识和摇晃不定的目标[195]，由于非设计专业人士受领域技能限制，难以或不能直接将意图传递给设计师。语义驱动造型的辅助设计方法作为一种能够快速将用户意图视觉模式化的方法，可以为用户参与汽车造型设计、辅助设计师尽快明确设计意图和找到突破点提供有力的支持。

5.4.1　草图辅助设计

近几年，各国学者尝试用计算机对草图本身以及草图过程进行支持[196-198]。在汽车领域中，著名汽车企业与欧洲各国研究机构联合支持的FIORES-Ⅱ项目，旨在通过调整某一语义数值进而改变汽车整体造型。王贞博士从汽车造型设计中工程与造型的约束关系和整合思路出发，提出基于可信性的辅助汽车造型概念设计的造型设计方法，并通过可信的信息模型辅助设计系统为设计师提供了调整之后获取的车身侧面轮廓造型三维空间草图（图5-26），在满足工业设计师传统手绘习惯的同时，又弥补了CAD系统与工业设计之间的鸿沟，从而达到了提高设计师创意活动效率与质量的目的[199]。

基于以上研究成果，本书通过对语义驱动造型辅助方案进行处理，获得了SUV车身侧面轮廓造型的三维空间草图。步骤如下：输入车型代表性语义分值，获得SUV侧面轮廓造型方案。按照SUV类型信息语义中的“高大”得分，将SUV大致分为小型、紧凑型、中型、中大型、全尺寸五种SUV子车型。0～2分设定为小型SUV，2～4分设定为紧凑型SUV，2分对应一种子车型，以此类推。参考每种子车型在现实中实车的长宽比例，根据辅助方案参数，计算得到车宽。调整部分特征空间位置，获得SUV车身侧面轮廓造型的三维空间关系草图。

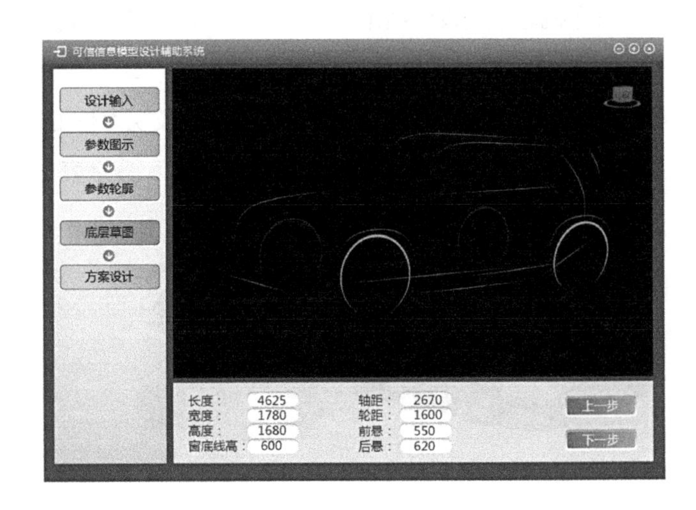

图 5-26　三维空间离散特征线界面

5.4.2 辅助案例及分析

以SUV（A）辅助方案对草图的支持为案例。方案A的代表性语义分值中，“高大”一项的语义分值为2分，根据子车型分类规则，辅助方案属于紧凑型SUV。参考紧凑型SUV标杆斯巴鲁XV，如图5-27所示，基于车长预设为1000单位，计算求得方案的车宽为399单位。通过部分特征空间位置调整，获得车身侧面轮廓造型的三维空间关系草图（图5-28，空间调整使用Alias软件，后期处理使用Photoshop软件）。

本书组织安排了草图设计评价测试，对三维空间草图的辅助效果做出实验评价。邀请10名设计师（工业设计系，研究生一年级2名，研究生二年级4名，博士生4名），分为组1和组2，每个年级各分到一组，以保证两组设计师的设计及手绘实力彼此无明显差距。将方案A的期望访谈笔录分发给10名设计师，要求设计师按此笔录设计一款SUV，并规定了汽车草图的表现角度（正侧45°）。分发给组1设计师的绘图纸打印有三维空间草图的纸稿（灰度30%），如图5-28所示，而分发给组2设计师的绘图纸只是普通全白纸稿。图5-29是两组设计师的草图展示，左侧是组1设计师在三维空间草图辅助支持下设计的SUV草图方案，右侧是组2设计师在无辅助支持下设计的SUV草图方案。

汽车概念草图设计结束后，草图方案评价结果如表5-28所示，包括“所用时间”“SUV车型感觉”和“用户满意程度”三项。其中，后两项由焦点小组与进行期望访谈的设计师（此处，此设计师被视为是用户）共同进行商议后打分。打分采用7点量表，分值由“-3”到“3”，分别表达“非常不同意”“较为

图5-27 巴鲁XV 2012款

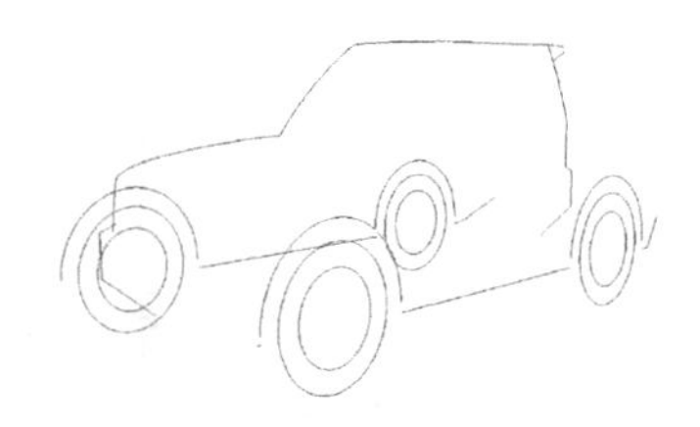

图5-28 方案A的三维空间关系草图

图5-29　SUV草图方案

不同意”“有一点不同意”“既不同意也不反对”“有一点同意”“较为同意”“非常同意”。设计过程有研究人员全程观察和记录，并会在概念草图绘制完毕后对组1设计师进行访谈。

草图方案记录 表5-28

	序号	所用时间 /min	SUV 车型典型程度	用户满意程度
组 1	1-1	9	2	1
	1-2	18	2	2
	1-3	9	3	3
	1-4	15	1	2
	1-5	22	2	3
均值		14.6	2	2.2
	序号	**所用时间 /min**	**SUV 车型典型程度**	**用户满意程度**
组 2	2-1	13	2	2
	2-2	5	-1	1
	2-3	6	-2	1
	2-4	11	1	2
	2-5	19	2	2
均值		10.8	0.4	1.8

评分反映出：在设计师水平相当的情况下，组2所用时间少于组1。组1平均用时14.6min，组2平均用时10.8min，比组1快3.8min。组1方案与组2方案的SUV车型典型程度分别为2分和0.4分，两组方案存在显著差异。组1方案比组2方案更加吻合设计师期望，两组用户满意程度分别为2.2分和1.8分。

以上数据说明，在三维空间草图辅助支持下，设计所用时间更长。组1设计师从阅读访谈笔录完毕到在打印有三维空间草图的纸稿上进行设计之前，会花费一定的时间仔细观察底图中的中心轮廓线，并伴随对车腰、车灯、A柱、车尾等位置定位的辅助线勾画。这一过程持续3～4min，之后，设计师的画图速度明显加快。而组2设计师在阅读完毕之后，并未思考太长时间就直接进入画图阶段。从方案记录情况来看，组1方案中有三个设计师所用设计时间均超过组2 3~4min。本书推测，草图辅助支持导致设计所用时间更长的原因，可能是因为草图辅助使设计师在设计开始前会进入一段对汽车体量等问题进行思考和调整的过程，因此花费了更多的时间。三维空间草图辅助支持能够大大提升设计师对车型的把握。在草图辅助支持下，组1方案均被认为是较为典型的SUV车型，而组2方案中则有两款方案被认为已经少许偏离了SUV车型的范畴。三维空间草图辅助支持对设计师期望吻合程度有一定提升。

随后，在设计师访谈中，组1的3位设计师（1-1、1-3、1-5方案）表示草图辅助支持对方案设计非常有帮助。他们均认为草图辅助支持提升了汽车草图的透视准确度，更加易于对SUV车型的体量感进行把握，能够将更多的精力投入对造型创新的考虑。但是，1-2方案的设计师表示，对有草图辅助支持的概念设计并不适应，反倒妨碍了她的发挥，并造成设计用时过长。

综上所述，三维空间草图辅助支持在车型把握、透视准确性等方面有着明显的提升，用户满意程度有一定提高，同时也会增加方案设计的所用时间。从组1设计师的反馈来看，草图辅助支持对不同设计师的创造发挥有着正面或负面影响，因此，还需要对草图辅助支持所采用的表现形式等问题进行修改，并在更多样本的测试中进行逐步完善。

本次辅助案例的部分组1草图概念方案被应用至柳汽景逸X5外形设计项目中，并对前期造型概念生成起到了一定的支持作用。目前，景逸X5已经进入量产销售阶段，实车如图5-30所示。

值得强调的是，本书的研究对象——汽车造型问题，包含认知科学、美学价值、工艺技术、市场需求等多个方面的问题，既涉及物又涉及人，追求满意解而不是最优解，因此仅依赖数学模型及其所得数据作为设计或决策依据是不完整和缺乏合理性的，采用半定量定性来处理此类问题则更加合适。本书作为一种基于参数化特征关系拟合模型和非参数化特征关系语义拟合的辅助设计方

图 5-30 柳汽景逸 X5 实车

法，需要同时综合运用其他研究及设计方法，才能够形成一套完整且更加合理的汽车造型设计方法，并应当在多种方法综合运用时努力做到：不同领域学科的人员相互理解，相互尊重。各领域专家一定要树立总体观念，不能只追求自己领域的局部最优。定性与定量分析及设计方式相结合。扬长避短，充分利用好两种方式在汽车造型设计中的优势。经验与计算机辅助相结合，既重视发挥设计师、专家、决策者及用户的作用，包括邀请他们参加设计评审，预测未来趋势，也注重应用计算机提供的辅助设计。

5.5 基于造型原型的辅助设计方法

本书通过大量的理论分析和实验，完成了汽车造型原型范畴及拟合模型构建的研究工作。在此基础上，提出“基于造型原型的辅助设计方法”，并将其作为理论研究的重要成果之一，如图5-31所示。

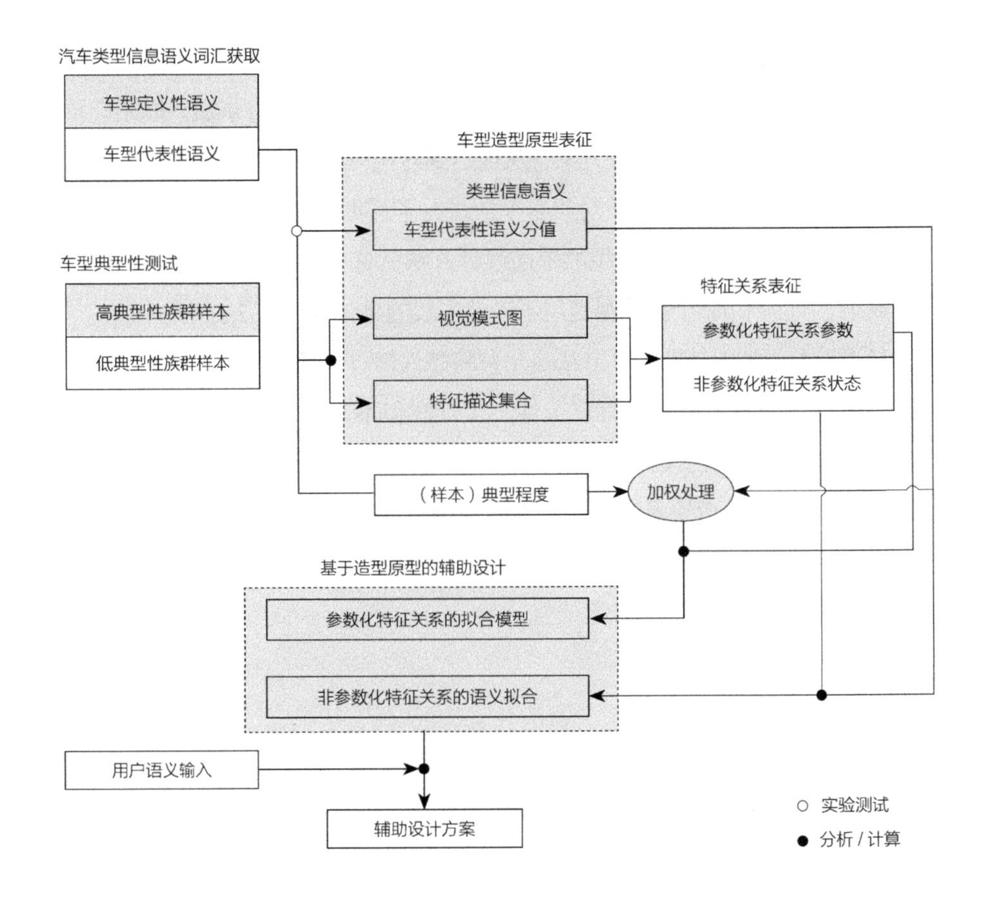

图 5-31　基于造型原型的辅助设计方法

基于造型原型的辅助设计方法包括以下模块：通过汽车类型信息语义词汇获取实验得到代表性语义和定义性语义；通过车型典型性测试得到高典型性族群样本典型程度；通过车型造型原型表征实验获得车型代表性语义分值、视觉模式图和特征描述集合；通过特征关系表征获得参数化和非参数化两种特征关系的参数或状态；并由高典型性族群样本的典型程度计算求得原型权重系数，实现对代表性语义分值的加权处理；再通过对语义分值与两种特征关系的分析，得到参数化特征关系的拟合模型与非参数化特征关系的语义拟合，两者共同构成了基于造型原型的辅助设计；最后，以用户语义作为输入，可得到辅助设计方案，从而达到对汽车辅助设计的作用。本书前面的章节中都通过SUV车型（对所有模块进行了详细的分析讨论）。由此，以上5个模块构成了基于造型原型的辅助设计方法。这一方法是本书的核心理论研究成果，而其中的5个模块则是用于设计实践的具体操作方法。

基于造型原型的辅助设计方法是一种将感性信息转换为理性数据的方法。早期的汽车造型输入信息具有复杂性、多样性和不确定性，并多以语言、文字、图片形式存在，为设计意图获取和概念生成增大了难度。而基于造型原型辅助设计方法的5个模块具有可重复性和可操作性等优势，即通过用户调研、抽样实验、数学模型构建等具体方式，设计师能够在大多数情况下运用这一方法，体现了这一方法的实际应用价值。

5.6 本章小结

本章基于第2章、第3章、第4章的研究成果，采用统计分析、实验分析的研究方法，获取SUV车型参数化特征关系的拟合模型及非参数化特征关系的语义拟合，实现了基于造型原型的辅助设计方法。

1）基于产品造型原型和原型范畴的内部结构特点，将“原型权重系数”概念引入辅助设计，以样本典型程度控制各语义的造型驱动效果，体现了原型范畴在造型认知中的作用机制。本书认为语义的权重关系是由评价对象在原型范畴中的所在位置决定的。因此，本章通过计算得到样本的原型权重系数，并对语义分值进行加权处理。此外，在语义分值加权处理之前，还需要进行标准化处理，以消除打分取值范围不同的影响。

2）基于第4章获得的车型代表性语义分值和特征关系参数，通过语义输入处理、参数化特征关系的拟合模型构建和非参数化特征关系的语义拟合分析，获取了13组特征关系的拟合模型和5组特征关系的语义拟合，实现了基于造型原型的辅助设计方法。其中，本章在拟合模型构建中运用语义主成分作为回归中介，以消除多重共线性的负面影响。

3）运用拟合模型和语义拟合，通过输入车型代表性语义分值，获得三款SUV方案。整个过程分为特征关系基本框架图获取、特征关系输出框架图获取和辅助方案输出三个步骤。且三款辅助方案经检验，均满足辅助设计差异性和一致性两个指标。

4）辅助方案通过相应处理，得到车身侧面轮廓造型的三维空间关系草图。通过辅助设计草图运用实验，对比两组设计师在有无草图辅助支持下"所用时间""SUV车型感觉"和"用户满意程度"三项指标，说明通过辅助方案得到的三维空间关系草图辅助支持，对设计师的车型把握、透视准确性、用户满意程度方面都有所提升。

5）综合实验及统计分析，完成了汽车造型原型范畴及拟合模型构建的研究工作。并在此基础上，提出了基于造型原型的辅助设计方法，并将其作为理论研究的重要成果之一。

结　语

现代产品的“形”既有表现在人们眼前的直观形状意义，又有产品类型、范畴的原型意义，这是由人类认识事物的方式所决定的。因此，产品造型不单是产品外观的存在形式，更承载了产品内在的形式规律、关系和原理，包含着极其丰富的内涵信息。

本书研究针对汽车造型的原型范畴及拟合模型构建的问题，涉及认知心理学、认知语言学、设计艺术学等相关领域。汽车造型原型研究是设计研究的重要领域，主要任务是探知人处理造型信息的方式，挖掘造型携带的设计信息，再将其进行重新组织，并以适当的形式进行描述和模型构建。“造型原型”是对一类产品造型的高度概括，反映了人们对产品类型的认知结果。当然，分类本身不是审美判断，而是审美判断的认知基础。从这个意义上讲，造型原型并不直接解释或回答产品的审美问题，然而造型原型是设计认知最纯粹、最本质的一面。

（1）总结

著名哲学家黑格尔曾说过：“凡合乎理性的即是真实的，凡真实的即是合乎理性的。”简言之为“存在即有其原因”，任何存在的事物都有其存在的原因，存在的一切事物都可以找到其存在的理由。因此，汽车之所以具有某种造型，也是有其原因的，而汽车造型原型之所以存在是因为人的认知。

汽车作为“一器而工聚焉者”的现代复杂产品，是多领域多学科交叉的典型代表。汽车车型或类型是多个因素相互作用的一个均衡点，反映了其类别对应的工程性约束和造型风格。纵观汽车的发展历程，汽车设计的创新归根结底是一个类型的创新，只有在类型上不断突破，才能够促使汽车造型发生根本性改变，例如跨界车类型。然而，目前针对汽车类型的造型研究较少，研究本身也尚未形成完整的研究体系、专用术语和方法范式。针对这一问题，本书通过研究汽车造型认知和汽车类型信息获取的过程及特点，从造型原型和原型范畴角度为汽车类型的造型分析提供了一套比较完整的理论依据和研究方法，更重要的是，该理论还具有非常基础性的造型设计意义。

本书选题源于国家973子课题，“汽车造型原型研究”作为设计研究的组成部分，是在“造型”和“原型”相对特定的领域内，以汽车造型为对象的一项具体研究，既有设计研究的一般范式和特点，也具有独特性，包括采用较多的量化方法来获取和表征汽车造型原型以及拟合模型构建，这是对现有造型研究的一种拓展和补充，具有重要的理论和实践意义。在解决所面临的问题时，采用了文献研究、描述性研究、实验分析、统计分析等方法，实验包括汽车类型信息语义词汇获取、SUV车型典型性测试、SUV车型代表性语义分值获取和辅助设计草图运用。本书在大量文献研究的基础上，提出了汽车造型原型范畴的相关理论框架、模型和表征公式，并通过实验参数及其分析构建了拟合模型。

研究的基本内容与本书基本结构大致一致。第1章，从“形”的概念开始，再到造型的价值，造型认知、策略与知识，最后阐述了分类与产品造型原型，为整本书的展开做好了准备。第2章，通过查阅、回顾、归纳和演绎关于分类、类型与认知的相关知识，提出了造型原型的概念，并依此构建了原型范畴的辐射模型。第3章，集中谈论了造型认知及其过程，提出了基于视觉感知的造型认知框架和汽车类型信息激活模型。在本章中，还以SUV车型作为实际案例，对SUV汽车类型信息的定义性语义与代表性语义进行了提取示范。第4章，提出了从汽车车型、个体、特征三个层面，研究车型造型原型及其范畴的范式，并以SUV车型为例，获取其造型原型的视觉表征形式。第5章，引入了原型权重的概念，运用语义驱动方式生成SUV车型的造型原型拟合模型，并实现了基于原型范畴的SUV语义驱动造型辅助设计。通过基于造型原型的辅助设计方法，成功获得一系列SUV的设计方案，经检验均满足一致性和差异性两个基本要求。并将辅助方案用于汽车概念草图设计，根据评价结果及反馈，初步验证了此种方法的可行性和有效性。

（2）创新点

本研究涉及认知心理学、认知语言学、设计艺术学和统计学等多学科的交叉性研究工作。本书研究的主要成果和创新点分三个方面总结如下：

在原型范畴理论研究方面：第一，采用文献和描述性研究方法，通过对类型认知和原型范畴内涵的研究，提出了范畴辐射模型及原型权重的理论论点，并对原型权重系数表征公式进行了推导，实现了汽车造型原型范畴的定性和定量表征；第二，通过对产品造型认知及其过程的相关文献研究，构建了基于视觉感知的造型认知框架，从造型实体层、感觉层、知觉层，以及知识和经验层四个层面，研究了汽车造型原型在整个造型认知过程中的作用方式与意义，提出了基于视觉感知的造型认知框架；第三，基于原型匹配理论和激活扩散模型理论，提出了汽车类型信息激活模型，对汽车类型信息的存储、激活、获取方式与特点做出了合理的解释和描述；第四，综合实验及统计分析，完成了汽车造型原型范畴及拟合模型构建的研究工作，提出了基于造型原型的辅助设计方法。

原型权重是对基于原型范畴的造型研究方法核心思想的反映，权重系数的推导公式不仅为原型范畴在汽车造型研究中的实际运用提供了具体操作工具，更为汽车造型设计提供了一条新的研究路径。汽车造型原型是一种特殊的汽车造型心理表征，它不是对具体某一汽车造型的知觉反映，而是对类型中众多汽车造型的高度概括，表现了一类车型中最具典型性和代表性的造型。它存储在人的记忆中，在认知过程被调用，与汽车造型视像进行匹配。汽车类型信息激活模型由视像模块、汽车造型原型模块和汽车类型信息模块组成，每一个模块内部及彼此的关系都有特定的作用和功能。“基于造型原型的辅助设计方法”作为理论研究的重要成果之一，包括汽车类型信息语义词汇获取、车型典型性测试、车型造型原型表征、特征关系表征、基于造型原型的辅助设计5个模块。

在原型表征理论研究方面：第一，根据原型特征特点及词汇概念的六种关联性，将汽车类型信息语义按照语义跨度级别划分为车型的定义性语义和代表性语义。代表性语义作为汽车类型信息语义的重要组成部分，不仅反映了SUV车型所具有的语义特征，同时也反映了同类车型间的美学特征差异。第二，基于对车型造型的分析，提出从车型、个体、特征三个层面对车型造型原型及其范畴进行研究的基本研究范式，并通过对测试样本族群分类、样本个体、回溯统计的相关数据进行分析，完成了对SUV车型造型原型的获取和表征。

首先，通过汽车类型信息语义词汇获取实验，获取得到20组SUV车型的类型信息语义词汇，其中包括9组定义性语义与11组代表性语义。其次，通过SUV车型典型性测试实验及其相关数据分析，以视觉模式、特征集、语义三种方式，完成了对SUV车型造型原型的获取和表征。

在拟合模型研究方面：第一，由特征关系的拟合模型和语义拟合，构成了基于造型原型语义驱动的辅助设计，辅助方案经检验，均满足一致性和差异性两项基本设计要求；第二，借助Alias等软件，由辅助方案输出三维空间关系草图，并应用于辅助汽车概念草图设计。

通过对SUV车型代表性语义分值与SUV车型的高典型性族群样本造型间关系进行分析研究，获取了13个参数化特征关系的拟合模型和5个非参数化特征关系的语义拟合，两者共同组成了基于造型原型的语义驱动SUV侧面轮廓造型的辅助设计方法。根据方法辅助得到的方案经检验，均满足一致性和差异性两项基本要求。其次，在实验“辅助设计草图运用”中，邀请设计师参与测试，并根据评价结果及反馈，初步证明关系草图对设计师在车型把握程度和透视准确性等方面均有显著的提升作用。

（3）未来展望

汽车造型的原型范畴及拟合模型研究，从原型和原型范畴的角度出发，研究和分析汽车造型的认知问题，表现出灵活性高、适用范围广、推理能力强等理论优势。但本书未来还将在以下三个方向展开研究工作：原型研究与审美研究的关系、原型研究与创新设计的关系、基于原型的辅助设计问题。

原型研究与审美研究的关系。真、善、美、正义以及欢乐都是人类的内在本性。设计是人类这一本性的物化和外化，因此，设计研究应当包含对产品这些方面的研究。本书的研究核心是产品造型的原型，关注“人们在产品造型认知过程中，将以怎样的方式或策略获取产品关联信息”，以及“如何理解和运用产品的类型信息”两大核心问题，总体上属于在设计领域中对“认知”的探索，而原型研究与审美研究的关系是未来研究的重要课题。

按照认知心理学的观点，原型是一种对客观存在的主观呈现。产品的造型原型是对一类产品造型的高度概括，反映了人们对产品类型的认知结果。类型分类不是审美判断，产品造型的原型研究也不是面向产品造型审美的研究。例如，本书2.3.3小节的研究表明，不同产品造型的原型及其范畴（类型）具有稳定性的差异，范畴（类型）成员彼此间也存在典型性的差异，但原型及其范畴、范畴成员均未涉及美丑或好坏。这是因为原型范畴研究与美的研究具有不同的研究目标和范畴，不能相互混淆，即原型匹配度的高低不能直接用于判断设计的好坏，也就是说，汽车的典型程度与汽车“美”的程度是没有必然联系的。

值得注意的是，尽管本书研究没有直接探讨产品造型关于“美”及审美心理等问题，但产品造型的原型及其范畴研究表明，产品造型原型与“美”是存在某种关联性的。产品造型原型产生或调用过程中，伴随着对产品类型信息的激活（本书3.2及3.3节）。在这一过程中，激活的信息不仅为人们判断产品类型、认识和掌握产品提供了认知依据，同时也产生出由激活信息引起的一系列具有情感性的体验或感受。例如，人们将阿斯顿·马丁的V12 Vantage（图3-4）与跑车造型原型匹配，所引起的美学感受、态度或驾车体验等，就是一种审美心理。此外，在本书3.3节中，汽车的类型信息语义作为一种描述SUV车型造型原型的方式，反映了人们对车型造型（造型原型）所持有的态度，是衡量对象汽车与人们某些期望吻合程度的重要参照物。这说明，从产品造型的原型及其范畴的角度来研究设计之美是具有可能性的。

原型研究与创新设计的关系。设计是一种创造性的活动。创新作为设计的核心属性，也是其价值的体现和最终的目的。设计研究大多也是围绕设计创新展开的，主要包括对设计方法、思维、过程等方面的创新研究。

从认知的角度研究产品认知机理将有利于产品创新理论的发展。产品造型的原型及其范畴研究属于一种认知研究，具体地说是一种对人们已有产品心理表征的认知研究，注重对人们已有经验和事实存在的分析与归纳，其目的在于找到人们产品造型认知的特点或规律。本书研究的侧重点是产品造型原型及其范畴的功能表述和机制推理。产品造型原型及其范畴的研究方法主要作为一种产品造型的分析方法或工具，而如何通过原型来激发、引导设计师进行设计创新是另一个重要的理论课题。

因此，在未来的研究中，可以以产品造型原型及其范畴的研究为基础，逐渐由从单一的用户造型认知研究向产品创新研究转型，而转型的关键是能否解决设计师被隔离在产品造型原型获取与表征之外这一问题。在本书中，最主要的案例研究方法是实验分析法。在实验分析中，被试者扮演用户角色，分析针对用户认知并得到用户的汽车造型原型。在整个实验及分析过程中，设计师及其所拥有的经验、知识、智慧和天赋，不会影响到汽车造型原型的获取与表征。但设计师作为设计的主体，其认知模式对设计创新有着极为关键和重要的意义。所以，如何将产品造型原型及其范畴的理性研究方法与设计师的感性作用进行整合，解构用户的一般认知模式，让设计师及其所拥有的经验、知识、智慧和天赋能够运用到方法中，并使设计师能够因此而收益，将是未来这一方法的重要发展方向之一。

此外，由类型及原型范畴的研究可知，产品创新的本质是创造出适应更新更多情况的产品类型，其产品创新被视为一次产品的类型分化过程。基于原型范畴辐射模型分析，类型分化是其产品类型范畴内部构成变化的结果，更新的范畴成员由于彼此相似而聚集在原有范畴中某一处，形成了新的原型范畴，并取代了原有范畴的基本范畴地位，成为被人们所认知的新产品类型。尽管目前不能就原型匹配及典型性高低与产品创新设计做出详细而具体的判断，但典型性变化情况的分析仍可能作为产品类型分化的一个重要指标，在未来的产品创新设计中将起到不可估量的作用。

基于原型的辅助设计问题。本书研究的主要成果是获取得到汽车造型原型的视觉化和语义化表征以及参数化特征关系的拟合模型和非参数化特征关系的语义拟合。通过以上研究成果，可实现语义驱动的辅助设计。辅助设计方法能够辅助设计师尽早了解用户期望，找到设计概念的突破点。值得注意的是，本书提出的辅助设计方法，是基于原型的认知模式生成的，仅仅意味着设计的基础或造型的基础。

本书提出的辅助设计是人们对已有产品造型的一种认知加工结果的视觉化表征。方案本身反映了人们内在造型认知机制及其运作方式，而基于原型如何体现出人们围绕某种目标进行问题求解的设计思路将是重要的研究课题。

此外，本书提出的辅助设计是一种借助汽车造型原型对车型进行概括性表征的方法，体现了高典型性情况下所对应的造型。如何综合考虑用户、市场、工艺等多方面因素进行设计是重要的研究课题。

再有，整个研究完成了对SUV车型侧面轮廓造型原型的获取和表征。尽管汽车侧面是最能体现车型的视角，但其他角度对车型的体现也同样具有重要意义。因此，逐步深化原型范畴在造型原型中的理论及实践操作的适用性和灵活度，将有助于汽车造型研究由2D向3D化过渡，为汽车造型提供更多、更自由、更全面的汽车造型辅助设计。

最后，必须明确指出，本书研究的目的不是试图用基于造型原型的辅助设计方法代替所有设计方法，而是通过这一方法在用户与设计师之间建立一种可以进行视觉化沟通的途径，为设计师把握用户认知模式提供一种现实可行的方法和可利用的工具，同时这也为未来设计创新的发展做了认知理论研究的铺垫。

附录A　SUV典型性测试得分

SUV车型典型性测试实验中，共计测试者32名，测试样本36个，各样本典型性得分见附表A-1～附表A-4。

SUV 典型性测试得分 1

附表 A-1

样本＼测试者	1	2	3	4	5	6	7	8	9	10
1	1.3	2	7.4	2	0.5	0	3	5	1.5	0.5
2	1.5	6.9	3.5	6.5	0	2.5	2.5	8	3.5	9.5
3	1.2	3	4.6	5	0	3.3	3.4	7	3.5	7.5
4	6.2	8	7.6	8	6.3	5.3	7.2	8	2.5	5.5
5	7.7	4	8.7	4.5	6.5	3.2	6.5	7	3.5	6.5
6	5.8	7	6.7	5	8	2.6	5.3	8	2.5	2.5
7	2.4	3	7.7	2	2.3	9	5.8	6	3.5	4.5
8	7.2	9	8.7	4	5.4	9.5	4.2	7	3.5	5.5
9	3.7	1	6.8	3	7.5	5.2	4.2	4	1	0.5
10	6.2	4	7.4	5.3	9	0	3.1	8	2.5	9.5
11	6.2	3	6.5	5.5	10	2.8	2.7	8	1.5	7.5

续表

样本＼测试者	1	2	3	4	5	6	7	8	9	10
12	3.3	7	7.6	2	6.5	3.5	2.7	5	1.5	0.5
13	6.1	3.3	8.5	2.9	2.4	6.7	4.3	3	4.5	3.5
14	2.7	4.2	9.5	3	3.5	8.5	2.3	6	4.5	3
15	5.1	0.3	7.3	5	9.5	2.4	3.6	7	5.5	7
16	7.1	2.6	3.3	7.5	10	1.5	2.5	4	0.5	5
17	0.1	0.7	3.6	6.7	0	0	2.7	7	4.5	7.5
18	0.7	8.5	7.6	0	0	0	3.8	5	1.5	0.5
19	7.2	3	7.6	8	3.5	5.5	4.6	8	5.5	8
20	4.6	2	6.3	6.5	7.5	1.4	4.7	7	6.5	7
21	5.4	7	9.5	7.5	5.7	2.5	1.9	5	4.5	1.5
22	6.6	7.9	8.5	5.1	3.5	6.9	7.5	7	6.5	5
23	3.8	4	9.4	3.1	7.5	3.3	3.5	5	2.5	1.5
24	5.6	7.9	9.5	5.3	1.4	7.4	5.4	7	5.5	1.5
25	7.3	3.3	8.3	5.3	0	4.5	3.3	4	4.5	1.5
26	0.6	2.3	6.3	4.3	0	7.5	1.2	2	0.5	0.5

续表

样本＼测试者	1	2	3	4	5	6	7	8	9	10
27	9.9	1.7	6.5	6	5.5	2.4	2.2	6	3.5	5
28	1.4	1.6	2.6	3	0.5	0	2.2	3	0.5	1
29	8.1	6.6	4.5	7.3	5.5	5	3.2	5	3.5	7
30	0.9	6.3	3.4	4	0.5	2.4	4.8	2	1.5	0
31	0.5	1	2.6	0	0	0	1.3	4	0.5	0.5
32	3.6	3.4	3.5	2.5	0.5	6.5	2.4	4	1.5	1.5
33	5.2	8	8.4	4.5	3.5	7.3	6.8	5	1.5	4
34	2.3	1.9	3.7	3.5	5.4	3.4	2.4	3	0.5	0.5
35	1.3	3	7.6	2.7	3.5	5.4	2.4	3	1.5	0.5
36	1.6	1	3.4	0	1.4	0	1.5	2	0.5	0.5

SUV 典型性测试得分 2

附表 A-2

样本＼测试者	11	12	13	14	15	16	17	18	19	20
1	6.3	8.7	6	4.7	5	0	0	2	5	5
2	3.2	4.8	4	4	9	8	10	4	8	2
3	5.2	7.8	4	5.8	8	8	8	2	9	4
4	6.2	9.2	8	9.6	10	9	9	9	10	7
5	5.6	8.1	7	9	9	10	9	4	10	7
6	3.3	8.3	6	6.5	10	8	7	5	9	6.5
7	4.2	8.8	8	4.5	7	7	3	6	10	8
8	6.2	7.8	8	8	10	4	5	6	10	8
9	3.1	7.8	5	6.2	0	0	2	3	7	7
10	2.2	6.8	4	7.3	10	8	7	9	6	7.5
11	3.3	6.3	8	8.2	9	8	10	7	5	7.8
12	2.5	6.3	8	8.5	7	3	8	6	10	6.5
13	5.3	5.2	8	6.3	9	5	7	5	10	6.5
14	5.5	5.3	8	6.8	8	4	6	3	10	7
15	3.2	5.2	4	4.8	9	8	10	6	1	5
16	1.5	5.2	9	2.8	8	0	3	6	10	1
17	2.4	3.8	2	1.8	9	6	10	3	1	0
18	2.2	5.2	9	1	7	0	6	0	5	0

续表

测试者 样本	11	12	13	14	15	16	17	18	19	20
19	5.5	7.2	6	7.2	8	7	9	6	4	5
20	3.2	7.3	4	7.5	8	7	9	6	1	5
21	6.3	6.3	8	8.2	7	5	8	4	10	6
22	4.4	7.3	9	9	9	5	8	8	10	8
23	4.5	7.3	6	7	9	4	5	3	10	6.8
24	5.1	8.2	9	8	9	7	5	4	10	7.2
25	7.6	7.2	8	6.5	9	6	9	3	1	7
26	5.4	5.8	3	2.5	6	0	4	1	7	5
27	4.3	4.7	3	4.3	9	5	9	6	1	5.8
28	2.3	4.8	8	3.2	2	0	1	0	1	4
29	1.4	5.4	2	4	8	4	7	1	1	3
30	2.3	5.6	4	4	2	0	1	1	1	5
31	2.5	4.8	3	3	3	0	0	1	1	4
32	6.2	5.4	8	3	7	0	3	6	5	7
33	8.2	8.8	8	8.8	8	5	6	8	10	8
34	2.7	7.6	6	3.4	3	0	0	1	5	6
35	4.3	7.4	7	6.2	6	0	2	4	8	7.6
36	3.5	7.8	5	3	3	0	1	1	6	6

SUV 典型性测试得分 3

附表 A-3

样本＼测试者	21	22	23	24	25	26	27	28	29	30
1	2	5	7.8	5	0	3	5	0	3	6
2	6	2	8	7	10	10	2	8	4	2
3	5	6	9	4	8	6	4	8	3	7
4	6	8	9.5	9	7	5	7	9	7	8
5	6	9	8.8	8	6	5	9	9	6	5
6	5	5	9	8	9	7	6	7	6	4
7	4	5	8.9	6	0	3	5	7	6	6
8	4.5	7	9.5	4	0	6	5.5	9	5	6
9	2	6	6.5	3	0	2	5	5	3	3
10	5	4	7.5	8	8	7	4	7	6	4
11	4	4	8	7	9	8	4.5	8	5	3
12	3	4	7	7	0	6	5	9	4	7
13	1.5	6	7.5	7	0	3	6	9	5	6
14	1	6	8.8	8	2	2	6.5	7	4	7
15	3.5	3	6.5	8	10	8	3	9	3	3
16	3.5	4	4	1	5	1	2	9	3	1
17	3	0	5	6	10	9	1	9	2	1
18	1	3	8.6	0	0	4	4	0	1	2
19	4	5	6	7	8	5	7	8	3	5

续表

样本＼测试者	21	22	23	24	25	26	27	28	29	30
20	3	5	5.5	8	8	5	5	8	3	4
21	3.5	6	6	5	2	4	6	8	3	6
22	4	6	7	4	5	6	8	8	5	7
23	2	6.5	7.5	3	2	3	7.5	8	4	5
24	3	6.5	9	5	5	6	7.5	8	6	4
25	2	7	4	2	2	4	6	7	2	6
26	2	3.5	9.5	1	0	2	3	5	0	2
27	4	1.5	3	8	9	7	2	6	1	2
28	2	2	2	0	0	3	3	4	0	1
29	3.5	0.5	1	6	7	2	1	0	2	1
30	2	5	4	0	0	6	3	0	1	4
31	1	3	2	0	0	2	2	0	0	1
32	2.5	6	7.5	1	0	3	5	0	1	2
33	4	6.5	8	1	2	4	7	7	6	5
34	3	6.8	5	0	0	5	5	7	2	7
35	2	6	9	1	0	4	6	7	4	6
36	2.5	5.8	6.5	0	0	6	5.5	7	3	5

SUV 典型性测试得分 4

附表 A-4

样本 \ 测试者	31			32			
1	4	19	6	1	1	19	8
2	7	20	5	2	3	20	6
3	5	21	4	3	6	21	6
4	5	22	4	4	7	22	6
5	5	23	4	5	9	23	3
6	6	24	4	6	5	24	6
7	3	25	4	7	3	25	4
8	4	26	3	8	5	26	0
9	3	27	7	9	3	27	3
10	6	28	2	10	5	28	0
11	6	29	3	11	9	29	0
12	3	30	2	12	5	30	0
13	3	31	2	13	7	31	2
14	3	32	2	14	5	32	0
15	7	33	4	15	8	33	7
16	2	34	2	16	1	34	0
17	5	35	3	17	2	35	2
18	3	36	3	18	1	36	0

附录B 样本特征关系参数

SUV车型的高典型性族群样本特征关系参数见附表B-1 ~ 附表B-2。

样本特征关系参数 1 附表 B-1

特征关系 / 样本序号	A	B	C	D	E	F_1	F_2
1	0.355547	0.193185	0.207564	1.446797	0.137789	0.553941	0.691726
2	0.350249	0.177373	0.201716	1.673376	0.152701	0.53283	0.6855
3	0.353432	0.196807	0.184215	1.297522	0.168106	0.533864	0.701963
4	0.363612	0.185317	0.210952	1.536757	0.140697	0.540442	0.681272
5	0.487279	0.141015	0.241146	2.608365	0.222656	0.373955	0.6534
6	0.364347	0.197908	0.19507	1.201694	0.146976	0.534352	0.681584
7	0.374505	0.241077	0.107949	1.095492	0.131836	0.552282	0.684167
8	0.357392	0.196403	0.181387	1.301903	0.173918	0.528986	0.702831
9	0.405781	0.14608	0.264304	2.042612	0.230281	0.47937	0.709678
10	0.381214	0.211887	0.202573	1.214456	0.192179	0.48303	0.675194
11	0.438265	0.182366	0.204976	1.673585	0.201693	0.462805	0.664463

续表

特征关系 / 样本序号	A	B	C	D	E	F_1	F_2
12	0.348703	0.214762	0.218848	1.106595	0.149544	0.505094	0.662697
13	0.348797	0.206138	0.204948	1.343624	0.201489	0.51887	0.731214
14	0.382366	0.181622	0.186839	1.381209	0.162046	0.550283	0.712301
15	0.364856	0.196844	0.201318	1.314947	0.162617	0.522793	0.685431
16	0.460552	0.170548	0.182578	1.7575	0.229731	0.435779	0.665499
17	0.441504	0.168759	0.192959	1.359921	0.181307	0.473539	0.65484
18	0.385163	0.169555	0.235452	1.508889	0.190109	0.516196	0.706323
19	0.393549	0.189646	0.176353	1.275537	0.184761	0.504628	0.691263
20	0.404227	0.127921	0.248019	1.194137	0.157093	0.554095	0.711137
21	0.387974	0.189513	0.22398	1.460163	0.184333	0.53497	0.719265
22	0.446826	0.178207	0.207895	1.702073	0.174099	0.488021	0.662136
23	0.378024	0.172475	0.239207	1.746307	0.193656	0.485253	0.678899

样本特征关系参数 2

附表 B-2

特征关系 / 样本序号	G_1	G_2	H	I	J	K	L
1	0.0	0.02447371	165.69000	30.45000	38.34000	−0.99000	0.30000
2	0.01542282	0.09102402	161.10200	31.12000	35.40000	0.58000	0.56000
3	0.07544492	0.12830981	162.75000	27.98000	45.74000	0.14000	0.96000
4	0.04670559	0.05359012	160.62000	31.23000	40.66000	0.49000	0.08000
5	0.48783270	0.09127293	108.50000	71.50000	90.00000	0.08000	2.29000
6	0.06651609	0.07103575	163.77000	32.05000	75.93000	0.92000	−0.71500
7	0.05833711	0.19807741	169.49000	27.01000	47.12000	0.21000	0.67000
8	0.05209353	0.10904381	163.38000	26.80000	43.93000	−0.35000	0.17000
9	0.10693878	0.04421585	140.54000	43.77000	68.33000	−2.76000	0.03000
10	0.03851818	0.07477189	159.18000	31.45000	47.21000	−1.33000	2.21000
11	0.06171302	0.08826788	145.25000	43.05000	67.68000	−0.92000	2.37000
12	0.01848649	0.09569277	165.68000	26.75000	38.76000	0.54000	0.46000
13	0.07674553	0.06113368	162.21000	27.17300	44.38000	−1.52000	0.03000
14	0.12611582	0.07854044	151.94000	34.86000	71.64000	−0.30000	0.79000
15	0.04627621	0.05898394	162.45000	27.33000	37.57000	0.14000	1.19000

续表

样本序号 \ 特征关系	G_1	G_2	H	I	J	K	L
16	0.09322406	0.10608339	129.37000	57.78000	78.91000	−2.07000	1.41000
17	0.12530052	0.10686456	145.99000	45.17000	79.76000	1.37000	2.78000
18	0.0	0.03840683	156.28000	31.70000	56.75000	−0.84000	1.71000
19	0.05546368	0.07332421	159.55000	30.47000	47.02000	0.16000	0.80000
20	0.29722384	0.11334735	147.13000	43.43000	72.68000	−2.52000	1.60000
21	0.077638	0.048891	157.23	31.58	59.47	−1.52000	0.61000
22	0.113784	0.04786	146.93	42.43	67.56	1.58000	1.13000
23	0.096355	0.031561	153.2	37.11	61.75	−0.12000	0.55000

附录C　SUV代表性语义分值

SUV 车型代表性语义分值获取实验原始分值　　附表 C-1

	1	2	3	4	5	6	7	8	9	10	11
1	1.98	1.23	2.29	2.425	1.41	2.625	2.58	1.3	1.835	1.745	1.99
2	1.1	-1.335	-0.735	-0.175	-0.485	2.365	1.955	2.57	2.245	2.3	2.58
3	0.475	-0.65	0.235	-0.2	0.875	2.335	2.31	2.29	2.29	2.355	2.4
4	-0.075	-1.265	-0.745	-0.14	0.045	2.12	2.12	2.07	2.23	2.51	2.55
5	-4.09	-4.08	-4.615	-4.03	-1.74	1.44	1.915	3.865	4.355	3.6	4.21
6	2.51	-0.35	1.27	0.49	0.625	2.675	2.485	1.62	1.57	2.53	1.99
7	2.79	2.02	2.53	2.63	2.49	1.71	3.285	0.485	1.255	0.725	1.34
8	-0.325	-2.27	-2.165	-1.285	-0.595	2.475	1.875	2.71	2.53	2.725	2.925
9	-3.895	-4.44	-4.305	-3.71	-2.475	2.84	1.63	4.055	4.225	4.345	4.27
10	1.025	0.45	1.635	1.74	1.735	2.21	2.91	1.59	2.07	2.26	2.425
11	-3.16	-2.8	-2.635	-2.295	-1.155	2.135	2.115	2.8	3.525	3.065	3.45
12	2.705	0.36	1.255	1.605	1.24	2.62	2.685	1.96	1.74	1.905	1.67

续表

	1	2	3	4	5	6	7	8	9	10	11
13	0.135	−1.835	−1.84	−0.635	−0.96	2.415	1.655	2.36	2.39	2.3	2.24
14	−2.88	−3.485	−3.27	−2.93	−2.425	2.845	1.755	3.5	3.47	3.97	3.645
15	1.98	0.94	1.49	2.095	1.25	2.735	2.73	1.765	2.37	2.16	2.335
16	−4.335	−3.97	−3.93	−3.81	−1.5	1.79	1.82	3.265	4.45	3.335	3.855
17	−1.32	−2.465	−1.015	−1.78	−0.855	1.955	1.785	2.33	2.45	3.115	2.515
18	0.43	−1.15	0.155	0.07	0.235	2.87	2.44	2.59	2.945	2.99	2.695
19	−0.515	−1.685	−0.91	−0.98	−0.815	2.41	2.14	2.285	2.51	2.84	2.515
20	−3.76	−3.485	−3.665	−3.58	−2.27	2.53	2.15	3.44	3.985	3.765	3.885
21	−1.735	−2.35	−1.65	−0.74	−0.99	2.95	1.99	3.04	3.02	3.225	3.15
22	−2.125	−1.865	−1.43	−0.97	−0.365	1.8	2.43	2.255	3.12	2.515	3
23	−1.695	−2.13	−2.28	−1.475	−0.795	2.33	2.015	2.435	2.77	2.81	2.855

原始语义分值标准化后分值

附表 C-2

	1	2	3	4	5	6	7	8	9	10	11
1	1.13212	1.59321	1.55935	1.57401	1.26504	0.65657	0.87053	−1.38312	−1.02531	−1.26063	−1.03549
2	0.75224	0.14496	0.15037	0.29260	−0.11510	0.02279	−.59052	0.13116	−0.56805	−0.55961	−0.28487
3	0.48245	0.53172	0.60217	0.28028	0.87540	−0.05034	0.23936	−0.20270	−0.51787	−0.49014	−0.51387
4	0.24502	0.18448	0.14571	0.30985	0.27090	−0.57443	−0.20480	−0.46502	−0.58478	−0.29436	−0.32304
5	−1.48816	−1.40492	−1.65686	−1.60734	−1.02913	−2.23203	−0.68402	1.67525	1.78513	1.08242	1.78888
6	1.36091	0.70111	1.08426	0.62035	0.69332	0.77845	0.64845	−1.00157	−1.32085	−0.26910	−1.03549
7	1.48178	2.03926	1.67114	1.67505	2.05161	−1.57386	2.51858	−2.35489	−1.67215	−2.54900	−1.86244
8	0.13710	−0.38296	−0.51570	−0.25446	−0.19522	0.29093	−0.77753	0.29809	−0.25020	−0.02279	0.15405
9	−1.40398	−1.60818	−1.51247	−1.44962	−1.56444	1.18066	−1.35026	1.90180	1.64015	2.02344	1.86521
10	0.71987	1.15280	1.25427	1.23641	1.50174	−0.35505	1.64196	−1.03734	−0.76322	−0.61013	−0.48207
11	−1.08670	−0.68221	−0.73462	−0.75224	−0.60307	−0.53787	−0.21649	0.40540	0.85947	0.40666	0.82198
12	1.44509	1.10199	1.07727	1.16988	1.14123	0.64438	1.11598	−0.59617	−1.13126	−1.05854	−1.44261
13	0.33568	−0.13735	−0.36432	0.06589	−0.46105	0.14467	−1.29182	−0.11923	−0.40634	−0.55961	−0.71743
14	−0.96583	−1.06897	−1.03039	−1.06520	−1.52802	1.19285	−1.05805	1.24004	0.79813	1.54977	1.07006

续表

	1	2	3	4	5	6	7	8	9	10	11
15	1.13212	1.42947	1.18673	1.41137	1.14851	0.92471	1.22118	−0.82868	−0.42865	−0.73644	−0.59657
16	−1.59392	−1.34281	−1.33780	−1.49891	−0.85434	−1.37885	−0.90610	0.95984	1.89108	0.74770	1.33723
17	−0.29241	−.49306	0.01995	−0.49842	−0.38458	−0.97664	−0.98792	−0.15501	−0.33943	0.46982	−0.36757
18	0.46302	0.24941	0.56491	0.41335	0.40928	1.25379	0.54325	0.15501	0.21263	0.31193	−0.13856
19	0.05509	−0.05266	0.06885	−0.10414	−0.35545	0.13248	−0.15805	−0.20866	−0.27251	0.12247	−0.36757
20	−1.34571	−1.06897	−1.21437	−1.38555	−1.41513	0.42500	−0.13467	1.16850	1.37249	1.29084	1.37540
21	−0.47156	−0.42813	−0.27582	0.01414	−0.48290	1.44880	−0.50870	0.69156	0.29627	0.60876	0.44030
22	−0.63991	−0.15429	−0.17335	−0.09921	−0.02771	−1.35448	0.51988	−0.24443	0.40779	−0.28804	0.24947
23	−0.45429	−0.30391	−0.56926	−0.34810	−0.34088	−0.06253	−0.45026	−0.02981	0.01746	0.08457	0.06499

标准化再进行原型化后的语义分值 附表 C-3

	1	2	3	4	5	6	7	8	9	10	11
1	0.045511257	0.064047088	0.062685915	0.063275248	0.050854645	0.026394133	0.034995331	−0.055601464	−0.041217492	−0.050677363	−0.041626728
2	0.030935592	0.005961426	0.006183911	0.012033067	−0.004733445	0.00093723	−0.024284917	0.005393906	−0.023360846	−0.023013754	−0.011715173
3	0.020446564	0.022534661	0.025520381	0.01187846	0.037100057	−0.002133444	0.010144242	−0.008590566	−0.021947688	−0.020772472	−0.021778166
4	0.011760489	0.008854685	0.0069938	0.014872204	0.013002679	−0.027571535	−0.009830006	−0.022320065	−0.028068315	−0.014128714	−0.015505298
5	−0.04402149	−0.041559155	−0.049011831	−0.047546972	−0.030442853	−0.066026023	−0.020234101	0.049555828	0.052806205	0.032019233	0.052917135
6	0.05041864	0.025974541	0.040169383	0.022982566	0.025685939	0.028839813	0.024023607	−0.037105905	−0.048934507	−0.009969547	−0.038362564
7	0.068312798	0.094013657	0.077042644	0.077222902	0.094583014	−0.072557856	0.116111195	−0.108564783	−0.077089207	−0.117513613	−0.085861928
8	0.005374886	−0.015013614	−0.02021757	−0.009975883	−0.00765343	0.011405658	−0.030482387	0.011686359	−0.009808873	−0.000893462	0.006039396
9	−0.060200221	−0.068955962	−0.064852083	−0.062157185	−0.067080467	0.050624648	−0.057896801	0.081545877	0.07032678	0.086761588	0.079976961
10	0.036207893	0.057983329	0.063087049	0.06218873	0.075534251	−0.017858242	0.082587012	−0.052175943	−0.038388304	−0.03068821	−0.024247071
11	−0.051515769	−0.032340639	−0.034825172	−0.03566046	−0.028588952	−0.025498101	−0.010262859	0.019218269	0.040743773	0.019278	0.038966533
12	0.05538642	0.042236318	0.041288867	0.044838359	0.043740282	0.024697355	0.042772517	−0.022849595	−0.043358158	−0.040570996	−0.055291368
13	0.013613758	−0.005570334	−0.014775275	0.002672219	−0.018698234	0.005867202	−0.052390744	−0.004835464	−0.016479428	−0.02269541	−0.02909592
14	−0.040520837	−0.044848015	−0.043229414	−0.044689847	−0.064107191	0.050045329	−0.044389873	0.052025158	0.03348508	0.0650197	0.044893746
15	0.053400161	0.067425651	0.055976021	0.066571905	0.054173249	0.043616987	0.057600969	−0.039087416	−0.020218686	−0.034736613	−0.028139185
16	−0.064377874	−0.054235629	−0.054033276	−0.060540453	−0.034506495	−0.055691272	−0.036597064	0.038767604	0.076380063	0.030199343	0.054010254

续表

	1	2	3	4	5	6	7	8	9	10	11
17	-0.010694511	-0.01803302	0.000729645	-0.018229055	-0.014065507	-0.035719322	-0.036131873	-0.005669287	-0.012414205	0.017183048	-0.013443389
18	0.024430286	0.013159599	0.0298063	0.021809552	0.021594807	0.066153619	0.028663455	0.00817878	0.011218979	0.016458337	-0.00731083
19	0.003122154	-0.002984437	0.003901984	-0.005901999	-0.020144666	0.007508132	-0.008957278	-0.011825534	-0.015444149	0.006940828	-0.020831551
20	-0.064367956	-0.051130938	-0.058085706	-0.066273582	-0.067688451	0.020328586	-0.006441531	0.055891653	0.065648896	0.061743416	0.065788087
21	-0.022108908	-0.020072709	-0.012931714	0.000662948	-0.022640579	0.067926426	-0.023850202	0.032423522	0.013890504	0.028541476	0.020643295
22	-0.029470941	-0.007105798	-0.007983603	-0.004569099	-0.001276179	-0.062380335	0.023942981	-0.01125718	0.018780696	-0.013265631	0.011489296
23	-0.018445441	-0.012339593	-0.023113543	-0.014133831	-0.013840678	-0.002538892	-0.018281811	-0.001210369	0.000708925	0.003433778	0.002638775

参考文献

[1] COYNE R. Wicked problems revisited[J]. Design studies，2005，26(1)：5-17.

[2] 何人可. 工业设计史［M］. 北京：高等教育出版社，2004：6.

[3] ICSID. Definition of design［EB/OL］.［2011-10-01］. http://www.icsid.org/about/about/articles31.htm.

[4] 杨砾，徐立. 人类理性与设计科学：人类设计技能探索［M］. 沈阳：辽宁人民出版社，1988：11.

[5] 赵江洪. 设计艺术的含义［M］. 长沙：湖南大学出版社，2004：16，29-30.

[6] 刘康德. 论中国哲学中的“器物”与“道理”［J］. 复旦学报（社会科学版），2006（6）：100-104.

[7] BLOCH P H. Seeking the ideal form：product design and consumer response［J］. Journal of marketing，1995，59（3）：16-29.

[8] NAGAMACHI M. Kansei engineering：A new ergonomic consumer-oriented technology for product development［J］. International journal of industrial ergonomics，1995，15（1）：3-11.

[9] HOLBROOK M B，HIRSCHMAN E C. The experiential aspects of consumption：consumer fantasies，feelings，and fun［J］. Journal of consumer research，1982，9（2）：132-140.

[10] 阿恩海姆. 视觉思维［M］. 腾守尧，译. 北京：光明日报出版社，1987：85.

[11] 张宪荣. 设计符号学［M］. 北京：化学工业出版社，2004：27-28.

[12] 司马贺. 人工科学：复杂性面面观［M］. 武夷山，译. 上海：上海科技教育出版社，2004：105.

[13] 诺曼. 设计心理学［M］. 北京：中信出版社，2003：Ⅳ - Ⅴ，56-57.

[14] SULLIVAN L H. The tall office building artistically considered [J] . Lippincott's magazine, 1896, 57 (3) : 403-409.

[15] SWEET F. Frog design: form follows feeling [M] . NY: Waston-Gupsill Publication, 1999: 15-39.

[16] 杭间. 设计道：中国设计的基本问题 [M] . 重庆：重庆大学出版社，2009：143.

[17] 诺曼. 情感化设计 [M] . 付秋芳，程进三，译. 北京：电子工业出版社，2005：XXIX.

[18] LIAO S H. Problem solving and knowledge inertia [J] . Expert systems with applications, 2002, 22 (1) : 21-31.

[19] 梁惠宁. 试论思维惯性对认识活动的干扰 [J] . 北京航空航天大学学报（社会科学版），1994（1）：33-36.

[20] 张庆林，朱海雪，邱江，等. 顿悟的原型启发机制的研究 [J] . 宁波大学学报（教育科学版），2011，33（1）：45-49.

[21] 陈宪涛. 汽车造型设计的领域任务研究与应用 [D] . 长沙：湖南大学，2009，45-49.

[22] 谢列卫，程耀东. 集成化产品设计多信息流过程建模研究 [J] . 中国机械工程，2000，11（12）：1370-1373.

[23] LENAT D B, KLAHR P. Cognitive economy in artificial intelligence systems [C] // International joint conference on artificial intelligence, 1979: 531-536.

[24] 列尔涅尔. 控制论基础 [M] . 刘定一，译. 北京：科学出版社，1980：29-31.

[25] 彭健伯. 创新的源头工具：思维方法学 [M] . 北京：光明日报出版社，2010：133-136.

[26] 陆邵明. 黑箱的艺术：学术与商业之间：米歇尔·摩萨斯安的设计策略 [J] . 新建筑，2009（6）：92-98.

[27] 王巍. 汽车造型的领域知识描述与应用 [D] . 长沙：湖南大学，2008：75-76.

[28] 李砚祖. 设计新理念：感性工学 [J] . 新美术，2003（4）：20-25.

[29] 盛聚，谢式千，潘承毅. 概率论与数学统计 [M] . 北京：高等教育出版社，2004：144-154.

[30] 杨桂元. 中心极限定理及其在统计分析中的应用 [J] . 统计与信息论坛，

2000（3）：13-15.

［31］张树美，张荣基. 关于大数定律定义的讨论［J］. 广西师范学院学报（自然科学版），2002，19（S1）：4-5.

［32］BALL L J，ORMEROD T C . Structured and opportunistic processing in design：a critical discussion［J］. International journal of human-computer studies，1995，43（1）：131-151.

［33］韩挺，孙守迁，潘云鹤. 基于消费者认知的产品形态偏好预测系统［J］. 上海交通大学学报，2009（4）：606-611.

［34］FLORIDI L. Semantic conceptions of information. Stanford encyclopedia of philosophy［EB/OL］. http：//www.science.uva.nl/~seop/entries/information-semantic/.

［35］谢友柏. 现代设计与知识获取［J］. 中国机械工程，1998，7（6）：36-40.

［36］李砚祖. 设计之维［M］. 重庆：重庆大学出版社，2007：44-46.

［37］彭颖红，胡洁. KBE 技术及其在产品设计中的应用［M］. 上海：上海交通大学出版社，2007：4.

［38］CRILLY N，MOULTRIE J，CLARKSON P J . Seeing things：consumer response to the visual domain in product design［J］. Design studies，2004，25（6）：547-577.

［39］LINDSAY P H，NORMAN D A . Human information processing：an introduction to psychology［J］. Science，1971，174（4010）：683-684.

［40］AKEN J E V. Valid knowledge for the professional design of large and complex design processes［J］. Design studies，2005，26（4）：379-404.

［41］刘征，孙守迁，潘云鹤. 面向设计知识重用的产品外观分类［J］. 机械工程学报，2009，45（4）：19-24.

［42］GOURLAY S. Tacit knowledge，tacit knowing，or behaving?［EB/OL］. http://eprints.kingston.ac.uk/2293/1/Gourlay 2002 tacit knowledge.pdf.

［43］李华伟，董小英，左美云，等. 知识管理的理论与实践［M］. 北京：华艺出版社，2002：89-90.

［44］PETIOT J F，YANNOU B. Measuring consumer perceptions for a better comprehension，specification and assessment of product semantics [J] . International journal of industrial ergonomics，2004，33（6）：507-525.

[45] 凌卫青，赵艾萍，谢友柏. 基于实例的产品设计知识获取方法及实现 [J] . 计算机辅助设计与图形学学报，2002，14（11）：1014-1019.

[46] WOELFEL C ，KRZYWINSKI J ，DRECHSEL F . Knowing，reasoning and visualizing in industrial design [J] . The knowledge engineering Review，2013，28（3）：287-302.

[47] 罗伯逊. 问题解决心理学 [M] . 张奇，译. 北京：中国轻工业出版社，2004：294.

[48] DORST K，CROSS N . Creativity in the design process：co-evolution of problem–solution [J] . Design studies，2001，22（5）：425-437.

[49] LAWSON，BRYAN R . Cognitive strategies in architectural design [J] . Ergonomics，1979，22（1）：59-68.

[50] CROSS N. 设计师式认知 [M] . 任文永，陈实，译. 武汉：华中科技大学出版社，2013：18-21.

[51] CROSS N. Expertise in design：an overview [J] . Design studies，2004，25（5）：427-441.

[52] 谭浩. 基于案例的产品造型设计情境知识模型构建与应用 [D] . 长沙：湖南大学，2006：8-9.

[53] ROSCH E H. Natural categories [J] . Cognitive psychology，1973，4（3）：328-350.

[54] NEUMANN P G. Visual prototype formation with discontinuous representation of dimensions of variability [J] . Memory & cognition，1977，5（2）：187-197.

[55] UNGERER F，SCHMID H J. An introduction to cognitive linguistics [M] . London & New York: Routledge，1996：39.

[56] FRANKS J J，BRANSFORD J D. Abstraction of visual patterns [J] . Journal experimental psychlogy，1971，90（1）：65-74.

[57] 赵丹华，赵江洪. 汽车造型特征与特征线 [J] . 包装工程，2007，28（3）：15-117.

[58] 梁峭. 汽车造型特征和特征面 [J] . 装饰，2013（11）：87-88.

[59] FONTANA M，GIANNINI F，MEIRANA M . A free form feature taxonomy [J] . Computer graphics forum，1999，18（3）：107-118.

[60] RANSCOMBE C，HICKS B，MULLINEUX G ，et al.. Visually decomposing vehicle images：exploring the influence of different aesthetic features on consumer perception of brand [J]. Design studies，2012，33（4）：319-341.

[61] 马鸣远. 人工智能与专家系统导论 [M]. 北京：清华大学出版社，2010：232-239.

[62] 阴国恩，安蓉，郑金香. 分类中相似性的理论与模型 [J]. 心理学探新，2005（1）：41-45.

[63] GERO J S. Design prototypes：a knowledge representation schema for design [J]. AI magazine，1990，11（4）：26.

[64] 张庆林，邱江，曹贵康. 顿悟认知机制的研究述评与理论构想 [J]. 心理科学，2005，27（6）：1435-1437.

[65] 田燕，罗俊龙，李文福，等. 原型表征对创造性问题解决过程中的启发效应的影响 [J]. 心理学报，2011，43（6）：619-628.

[66] 殷润元. 原型体系的研究与产品族的设计方法探析 [J]. 包装工程，2009（8）：132-134.

[67] 李然，赵江洪，谭浩. SUV 汽车造型原型获取与表征 [J]. 包装工程，2013，34（14）：26-29.

[68] 尹超. 基于事件原型衍生的自然交互设计 [D]. 长沙：湖南大学，2014：21-45.

[69] 朱毅，赵江洪. 基于原型理论的汽车造型认知研究 [J]. 包装工程，2014，35（6）：24-28.

[70] 刘雁. 基于原型的三维服装款式智能设计研究 [D]. 上海：东华大学，2003：85-105.

[71] AAMODT A，PLAZA E. Case-based reasoning：foundational issues，methodological variations，and system approaches [J]. AI communications，2001，7（1）：39-59.

[72] HOLYOAK K J ，KOH K . Surface and structural similarity in analogical transfer [J]. Memory and cognition，1987，15（4）：332-340.

[73] SUNG - EON K，SHAW T，SCHNEIDER H. Web site design benchmarking within industry groups [J]. Internet research，2003，13（1）：17-26.

[74] 徐国华，赖伯年，温浩. 知识元挖掘 [M]. 西安：西安电子科技大学出版社，2005：163.

[75] 青木昌彦. 比较制度分析 [M]. 周黎安，译. 上海：上海远东出版社，2001：105.

[76] 韩劢，莫雷. 分类研究中的原型与样例观 [J]. 心理学探新，2000，20（2）：12-16.

[77] 丹皮尔. 科学史及其与哲学和宗教的关系 [M]. 李珩，译. 北京：商务印书馆，1975：601.

[78] 达尔文. 物种起源 [M]. 谢蕴贞，译. 北京：科学出版社，1972，8（1）：273.

[79] SONG S，LIU L，EDWARDS S V，et al.. Resolving conflict in eutherian mammal phylogeny using phylogenomics and the multispecies coalescent model [J]. Proceedings of the national academy of sciences，2012，109（37）：14942-14947.

[80] CICCARELLI F D. Toward automatic reconstruction of a highly resolved tree of life [J]. Science（Washington D C），2006，311（5765）：1283-1287.

[81] 里斯 A，里斯 L. 品牌的起源 [M]. 寿雯，译. 太原：山西人民出版社，2010：31.

[82] 钟义信. 关于“信息—知识—智能转换规律”的研究 [J]. 电子学报，2004，32（4）：601-605.

[83] 杨猛. 基于规则的模式分类方法研究 [D]. 长沙：国防科学技术大学，2003：3-4.

[84] 李巍，胡伟轩，胡维刚，等. 基于规则与基于实例的集成推理研究 [J]. 计算机工程与应用，1995，31（1）：46-48.

[85] 斯滕伯格. 认知心理学 [M]. 杨炳钧，等，译. 北京：中国轻工业出版社，2006：201.

[86] 王甦，汪安圣. 认知心理学 [M]. 北京：北京大学出版社，1992：267.

[87] SOLSO ROBERT L，MACKLIN K M，MACLIN O H. Cognitive psychology [M]. 7th ed. Beijing：Peking University Press，2005：30.

[88] POSNER M I，KEELE S W. Decay of visual information from a single letter [J]. Science，1967，158（3797）：137-139.

[89] KOMATSU L K. Recent views of conceptual structure [J]. Psychological bulletin，1992，112（3）：500-526.

[90] MEDIN D L，GENTNER G D．Similarity involving attributes and relations：judgments of similarity and difference are not inverses [J]．Psychological science，1990，1（1）：64-69.

[91] 谢伟，HUMPHREYS G．基于规则和基于相似性的分类学习在复杂视觉分类中的比较 [J]．西南师范大学学报（自然科学版），2012，37（6）：174-180.

[92] 维特根斯坦．哲学研究 [M]．李步楼，译．北京：商务印书馆，1996：47-48.

[93] 维特根斯坦．维特根斯坦读本 [M]．陈嘉映，译．北京：新世界出版社，2010：91-93.

[94] 赵彦春，姜孟．权重的失衡：语言学的“语言游戏” [J]．外语研究，2010（6）：27-34.

[95] ROSCH E，MERVIS C B．Family resemblances：studies in the internal structure of categories [J]．Cognitive psychology，1975，7（4）：573-605.

[96] ARMSTRONG S L，GLEITMAN L R，GLEITMAN H．What some concepts might not be [J]．Cognition，1983，13（3）：263-308.

[97] 赵丹华，何人可．阿尔法·罗密欧汽车品牌与造型风格特征研究 [J]．装饰，2011（7）：72-74.

[98] 张文泉，赵江洪，谭浩．奥迪品牌发展与汽车造型特征研究 [J]．装饰，2011（7）：75-77.

[99] 尹超，何人可．原型视野下的按钮百年演化研究 [J]．装饰，2013（11）：105-107.

[100] 董志强．对维特根斯坦“家族相似”理论的批判 [J]．哲学研究，2003（11）：61-67，96.

[101] 王宇弘．“家族相似”与范畴的本质：论“家族相似说”在认知语言学“范畴化”理论中的哲学意义 [J]．东北大学学报（社会科学版），2008，10（5）：449-454.

[102] 邹智勇．典型理论的语义范畴观 [J]．外国语文，2000（1）：66-69.

[103] 彭漪涟，马钦荣．逻辑学大辞典 [M]．上海：上海辞书出版社，2010.

[104] 文旭，江晓红．范畴化：语言中的认知 [J]．外语教学，2001（4）：15-18.

[105] 张敏. 认知语言学与汉语名词短语 [M]. 北京：中国社会科学出版社，1998：51.

[106] 邹智勇. 典型理论与语言中的类典型性 [J]. 山东外语教学，1999（4）：2-5.

[107] ROSCH E. Principles of categorization [C] // ROSCH E，LLOYD B B. Concepts：foundations of cognitive psychology. Cambridge，MA：MIT Press，1999：189–206.

[108] LABOV W. The boundaries of words and their meanings [C] //BAILEY C J，SHUY R. New ways of analyzing variation in english. Washington，D. C.：Georgetown University Press，1973：340-373.

[109] 肖武云，曹群英. 原型范畴理论下的范畴化特征探讨 [J]. 长沙大学学报，2009（4）：99-101.

[110] 陈忠. 认知语言学研究 [M]. 济南：山东教育出版社，2006：57，90.

[111] 崔希亮. 认知语言学：研究范围和研究方法 [J]. 语言教学与研究，2002（5）：1-12.

[112] 高名凯，石安石. 语言学概论 [M]. 北京：中华书局，1963：217.

[113] ROSCH E，MERVIS C B，GRAY W D，et al.. Basic objects in natural categories [J]. Cognitive psychology，1976，8（3）：382-439.

[114] 郭聿楷. 范畴结构和基本范畴词汇 [J]. 中国俄语教学，2005（1）：3-6.

[115] 陈忠. 认知语言学研究 [M]. 济南：山东教育出版社，2006：90.

[116] CHANG H C，LAI H H，CHANG Y M. Expression modes used by consumers in conveying desire for product form：a case study of a car [J]. International journal of industrial ergonomics，2006，36（1）：3-10.

[117] 王德春. 语言学概论 [M]. 上海：上海外语教育出版社，1997：133-135.

[118] 张锦. 中国乘用车分类标准 [J]. 中国汽车调查月报，2009，2（23）：47.

[119] 黄险峰. 论模糊空间及其心理效应 [J]. 广西土木建筑，1999（4）：48-50.

[120] 陈致宇，陈世权. 认知思维的模糊性问题 [J]. 模糊系统与数学，2016，16（1）：1-6.

[121] ZADEH L A. Fuzzy sets [J]. Information and control, 1965, 8 (3): 338-353.

[122] 伍铁平. 模糊语言学 [M]. 上海: 上海外语教育出版社, 1999: 141.

[123] 傅翀. 论语义模糊性 [J]. 安徽工业大学学报（社会科学版）, 2011, 28 (5): 52-53.

[124] 张乔. 模糊语义学 [M]. 北京: 中国社会科学出版社, 1998: 48.

[125] 赵艳芳. 认知语言学概论 [M]. 上海: 上海外语教育出版社, 2001: 34.

[126] 恩格斯. 自然辩证法 [M]. 北京: 人民出版社, 1972: 448.

[127] 刘宏, 李哲媛, 许超. 视错觉现象的分类和研究进展 [J]. 智能系统学报, 2011 (1): 5-16.

[128] HSIAO S W, CHEN C H. A semantic and shape grammar based approach for product design [J]. Design studies, 1997, 18 (3): 275-296.

[129] CAI H, HE W, ZHANG D. A semantic style driving method for products' appearance design [J]. Journal of materials processing technology, 2003, 139 (1): 233-236.

[130] HSIAO S W, CHANG M S. A semantic recognition-based approach for car's concept design [J]. International journal of vehicle design, 1997, 18 (1): 53-82.

[131] MERRIFIELD W R, BERLIN B, Kay P. Basic color terms: their universality and evolution. Berkeley and Los Angeles: The University of California Press, 1969: xi, 178.

[132] RIPS L J, SHOBEN E J, SMITH E F. Semantic distance and the verification of semantic relations [J]. Journal of verbal learning and verbal behavior, 1973 (12): 1-20.

[133] RIPS L J. Inductive judgments about natural categories [J]. Journal of verbal learning and verbal behavior, 1975, 14 (6): 665-681.

[134] REED S K. Pattern recognition and categorization [J]. Cognitive psychology, 1972, 3 (3): 382-407.

[135] 王永红. 心理表征和原型实例的结构性审视 [J]. 中南大学学报（社会科学版）, 2013 (3): 238-241.

[136] MURPHY G L , BROWNELL H H. Category differentiation in object

recognition: typicality constraints on the basic category advantage [J]. Journal of experimental psychology: learning, memory, and cognition, 1985, 11 (1): 70-84.

[137] MERVIS C B, CATLIN J, ROSCH E. Relationships among goodness-of-example, category norms, and word frequency [J]. Bulletin of the psychonomic society, 1976, 7 (3): 283-284.

[138] STERNBERG R J. Thinking and problem solving [M]. San Diego: Academic Press, 1994: 119-148.

[139] VAN M I, HAMPTON J, MICHALSKI R S, et al.. Categories and concepts: theoretical views and inductive data analysis [M]. London: Academic Press, 1993: 177-200.

[140] 傅业焘. 偏好驱动的SUV产品族外形基因设计[D]. 杭州: 浙江大学, 2012: 78-80.

[141] 沈家煊. 语法研究的分析和综合 [J]. 外语教学与研究, 1999 (2): 1-7.

[142] 潘冬香. 原型理论的认知心理学诠释 [J]. 武汉理工大学学报(社会科学版), 2005, 18 (4): 512-514.

[143] GENERO N, CANTOR N. Exemplar prototypes and clinical diagnosis: toward a cognitive economy [J]. Journal of social & clinical psychology, 2011, 5 (1): 59-78.

[144] TAYLOR J. Linguistic categorization: prototypes in linguistic theory [M]. Oxford: Oxford University Press, 1995: 63.

[145] 缪小春, 朱曼殊. 心理语言学 [M]. 上海: 华东师范大学出版社, 1990: 197-202.

[146] ARMSTRONG S L, GLEITMAN L R, GLEITMAN H. What some concepts might not be [J]. Cognition, 1983, 13 (3): 263-308.

[147] 徐航. 基于视觉特征和语义特征协同加工的设计问题求解方法 [D]. 长沙: 湖南大学, 2008: 15.

[148] 邵志芳, 杨治良. 影响概念难度的两个基本因素 [J]. 心理科学, 1992 (6): 8-12.

[149] 闵光培. 汽车造型的运动意象风格研究 [D]. 长沙: 湖南大学, 2007: 30-52.

[150] ITTI L, KOCH C, NIEBUR E. A model of saliency-based visual

attention for rapid scene analysis [J] . IEEE transactions on pattern analysis and machine intelligence，1998，20（11）：0-1259.

[151] KNUDSEN E I. Fundamental components of attention [J] . Annual review of neuroscience，2007，30（1）：57-78.

[152] LEWIN K. Field theory and experiment in social psychology：concepts and methods [J] . American journal of sociology，1939，44（6）：868-896.

[153] 郑希付. 心理场理论[J]. 湖南师范大学社会科学学报，2000，29（1）：75-79.

[154] 张焕庭. 教育辞典 [M] . 南京：江苏教育出版社，1989：169.

[155] 卢智远，朱满座，侯建强. 电磁场与电磁波 [M] . 西安：西安电子科技大学出版社，2012：2-3.

[156] LEVITT T . Exploit the product life cycle [J] . Harvard business review，1965，43（6）：81-94.

[157] 张秀玲，董波，姜云鹏，等. 无意识信息加工中的“完型”：无意识捆绑假说的新证据 [J] . 心理学报，2012，44（12）：1563-1570.

[158] 邵志芳. 认知心理学：理论，实验和应用[M]. 上海：上海教育出版社，2006：61-62.

[159] 彭聃龄. 认知心理学 [M] . 杭州：浙江教育出版社，2004：49-50.

[160] 胡伟峰，赵江洪，赵丹华. 基于造型特征线的汽车造型意象研究 [J] . 中国机械工程，2009，10（4）：496-500.

[161] 王鹏，潘光花，高峰强. 经验的完形：格式塔心理学 [M] . 济南：山东教育出版社，2009：1，42.

[162] ANDERSON J R. A spreading activation theory of memory [J] . Journal of verbal learning and verbal behavior，1983，22（3）：261-295.

[163] TULVING E. Remembering and knowing the past [J] . American Scientist，1989，77（4）：361-367.

[164] 阿恩海姆，滕守尧. 视觉思维：审美直觉心理学 [M] . 成都：四川人民出版社，2001：17.

[165] 柳沙. 设计心理学 [M] . 上海：上海人民美术出版社，2009：43.

[166] SLADE S. Case-based reasoning：a research paradigm [J] . AI magazine，1991，12（1）：42-55.

[167] 张树铮. 语言学概论 [M] . 武汉：武汉大学出版社，2012：20-22.

[168] GIANNINI F. An innovative approach to the aesthetic design [C] // Common ground: the design research society conference, 2002: 5-7.
[169] GIANNINI F, MONTI M, PODEHL G. Styling properties and features in computer aided industrial design [J] . Computer-aided design & applications, 2004 (1) : 321-330.
[170] CHUANG M C, CHANG C C, HSU S H . Perceptual factors underlying user preferences toward product form of mobile phones [J] . International Journal of Industrial Ergonomics, 2001, 27 (4) : 247-258.
[171] LAI H H, LIN, Y C, YEH C H. Form design of product image using grey relational analysis and neural network models [J] . Computers & operations research, 32 (10) : 2689-2711.
[172] CATALANO C E, GIANNINI F, MONTI M, et al.. Towards an automatic semantic annotation of car aesthetics [J] . Artificial intelligence for engineering design, analysis and manufacturing, 2007, 21 (1) : 73-90.
[173] VAN SOMEREN M W, BARNARD Y F, SANDBERG J A C. The think aloud method: a practical guide to modelling cognitive processes [M] . London: Academic Press, 1994: 8-9.
[174] 台德艺，谢飞，胡学钢. 文本分类技术研究 [J] . 合肥学院学报 (自然科学版) , 2007 (3) : 65-68.
[175] SEBASTIANI F. Machine learning in automated text categorization [J] . ACM computing surveys (CSUR) , 2002, 34 (1) : 1-47.
[176] 刘玉娟. 名词形容词化与形容词动词化的认知机制 [D] . 哈尔滨: 黑龙江大学，2011: 13-35.
[177] 石毓智. 同义词和反义词的区别和联系 [J] . 汉语学习，1992 (1) : 28-34.
[178] 赵丹华，何人可，谭浩，等. 汽车品牌造型风格的语义获取与表达 [J] . 包装工程，2013 (10) : 35-38，69.
[179] 张清源. 现代汉语知识辞典 [M] . 成都: 四川人民出版社，1990: 137.
[180] 赵江洪，谭浩，谭征宇. 汽车造型设计: 理论、研究与运用 [M] . 北京: 北京理工大学出版社，2010: 9.
[181] GROSS M D, ERVIN S M, ANDERSON J A, et al.. Constraints:

knowledge representation in design［J］. Design Studies，9（3）：133-143.

［182］赵丹华. 汽车造型的设计意图和认知解释［D］. 长沙：湖南大学，2013：41.

［183］胡希宁，步艳红. 前沿经济学理论要略：当代诺贝尔经济学奖聚焦［M］. 北京：研究出版社，2009：1.

［184］NAVON D. Forest before trees：the precedence of global features in visual perception［J］. Cognitive psychology，1977，9（3）：353-383.

［185］刘丽虹，王才康. 认知心理学归类理论述评［J］. 心理科学，1998（6）：540-543.

［186］LUO S J，FU Y T，ZHOU Y X. Perceptual matching of shape design style between wheel hub and car type［J］. International journal of industrial ergonomics，2012，42（1）：90-102.

［187］游万来，林俊明. 产品风格的量化描述研究：以轿车形态为例［J］. 设计学报，2009，2（2）：89-106.

［188］李卓. 车身造型设计中感性工程学的适应性方法研究［D］. 武汉：武汉理工大学，2008：100-101.

［189］白雪梅，赵松山. 更深入地认识多重共线性［J］. 东北财经大学学报，2005（2）：9-13.

［190］冯力. 回归分析方法原理及 SPSS 实际操作［M］. 北京：中国金融出版社，2004（5）：138-142，185-190.

［191］刘国旗. 多重共线性的产生原因及其诊断处理［J］. 合肥工业大学学报（自然科学版），2001，24（4）：607-610.

［192］张峭. 用主成分回归法处理多重共线性［J］. 山西财经学院学报，1992（6）：76-78.

［193］郑皓. 工业设计草图的多义性及团队设计中的草图重释［D］. 长沙：湖南大学，2007：9-10.

［194］HSU W，WOON I M Y. Current research in the conceptual design of mechanical products［J］. Computer-aided design，1998，30（5）：377-389.

［195］MCGOWN A，GREEN G，RODGERS P A. Visible ideas：information patterns of conceptual sketch activity［J］. Design studies，1998，19（4）：431-453.

[196] LAKIN F，WAMBAUGH J，LEIFER L，et al.. The electronic design notebook：performing medium and processing medium [J] . The visual computer，1989，5（4）：214-226.

[197] 张超，滕东兴，戴国忠. 基于手绘草图的概念设计工具研究与设计 [J] . 计算机应用研究，2007（1）：210-212.

[198] VAN DIJK C G C. New insights in computer-aided conceptual design [J] . Design studies，1995，16（1）：62-80.

[199] 王贞. 基于可信性的汽车造型设计方法研究 [J] . 包装工程，2014，35（8）：30-34.

图片来源

图1-1（左）中华古玩网——良渚玉琮

http://www.gucn.com/Service_CurioStall_Show.asp?Id=7807984

图1-1（右）飞雪之灵的博客——四羊方尊

http://blog.sina.com.cn/s/blog_1345bcfa60102vlhi.html

图1-2（左上）普象网——Joewell SPM Black / 美发剪刀

https://www.puxiang.com/galleries/222550b80acd04308096ade3f4d9e549

图1-2（右上）普象网——BOSCH Flexxo Serie 4 / 吸尘器

https://www.puxiang.com/galleries/05ec67bde0ebe5626f2f1be8c620b4b0

图1-2（下）普象网——Fiat Concept Centoventi / 菲亚特电动概念汽车

https://www.puxiang.com/galleries/02cc92a884c469898a79bc7d5633fb5e

图1-3（左）普象网——SQUEEZER 榨汁机

https://www.puxiang.com/galleries/4b9334a4e9e48b81adc613801a492e00

图1-3（右）普象网——SONY PS4游戏手柄

https://www.puxiang.com/galleries/29caa31b1e62ba7ac66e2b

de16608131

图1-5（左上）普象网——珊瑚杯

https://www.puxiang.com/galleries/f0e18292993c4aab7c7520bd5ea18dda

图1-5（左下）冰块灵感——玻璃杯设计

https://www.puxiang.com/galleries/15d6ac0e-7406-4572-80fa-376f7f8633d7

图1-5（右）BlenderBottle/出行杯

https://www.puxiang.com/galleries/b3d3e077625cbdd0b73040f8f020d3d5

图1-8（上）普象网——韩国设计师草汽车图作品

https://www.puxiang.com/galleries/3c9226ce18087aa81a182f3644f99064

图1-8（下）搜狐——斯柯达首款轿跑SUV草图发布

https://www.sohu.com/a/259581212_121861

图1-9　赵丹华，赵江洪. 汽车造型特征与特征线［J］. 包装工程，2007，28（3）：15-117.

图2-1　CICCARELLI, F D Toward automatic reconstruction of a highly resolved tree of life[J]. Science (Washington D C), 2006, 311(5765):1283-1287.

图2-2　ItFly网——水面线推求

http://www.itfly.pc-fly.com/article/p-%E6%B0%B4%E9%9D%A2

%E7%BA%BF%E6%8E%A8%E6%B1%82.html

图2-3（上）汽车之家——哈弗 F7x 2019款

https://car.autohome.com.cn/photo/series/42617/1/5375815.html#pvareaid=2042264

图2-3（下）汽车之家——宝马X6 2020款 M50i

https://car.autohome.com.cn/photo/series/40352/53/5510742.html#pvareaid=2042264

图2-5　搜狐——想象一块红 | 维特根斯坦破除传统意义理论的思想实验

https://www.sohu.com/a/245380759_776515

图2-7　赵丹华，何人可. 阿尔法·罗密欧汽车品牌与造型风格特征研究［J］. 装饰，2011（7）：72-74.

图2-8　张文泉，赵江洪，谭浩. 奥迪品牌发展与汽车造型特征研究［J］. 装饰，2011（7）：75-77.

图2-9　尹超，何人可. 原型视野下的按钮百年演化研究［J］. 装饰，2013（11）：105-107.

图2-10（左）城市桌面——北极企鹅

http://www.deskcity.org/bizhi/191660.html

图2-10（右）红花圣泉山庄网站——鸵鸟

http://www.kmhhsz.com/item/160.html

图2-12 ApexManual.com——宝马行千里戈壁 X3越大漠无疆

http://www.apexmanual.com/car/20180724751577444636106499.html

图2-13（右）色相环以及配色表

https://www.zcool.com.cn/work/ZMjA0Nzg2NTY=.html

图2-16（a）汽车之家——大众途安

https://car.autohome.com.cn/photo/series/35357/1/4446183.html#pvareaid=2042264

图2-16（b）汽车之家——雪铁龙 C4 PICASSO

https://pano.autohome.com.cn/car/ext/15498?pagesrc=pic_pc#pvareaid=2042312

图2-16（c）易车网——奔驰R级

http://photo.bitauto.com/photo/photolist_1877_sale_True_altype_2_group_11/#photoanchor

图2-16（d）汽车之家——长丰骐菱

https://car.autohome.com.cn/photo/series/3913/1/#pvareaid=2042290

图2-16（e）标致HX1

https://car.autohome.com.cn/photo/series/10743/1/1305563.html#pvareaid=2042264

图2-18（上）汽车之家——讴歌ZDX（正45°）

http://photo.bitauto.com/photo/show_2754_7558446/

图2-18（左下）汽车之家——讴歌ZDX（正侧）

http://photo.bitauto.com/photo/show_2754_7558444/

图2-18（右下）汽车之家——讴歌ZDX（后45°）

https://car.qi-che.com/picture/pic_dis/271213

图2-19（左上）搜狐——环尾狐猴

https://www.sohu.com/a/79290560_384269

图2-19（右上）ZOL论坛——张家界的野生猕猴

http://bbs.zol.com.cn/dcbbs/d657_594118.html

图2-19（左下）城市桌面——黑猩猩

http://www.deskcity.org/bizhi/190545.html

图2-19（右下）chinasspp.com——Forever21旗舰店

http://shop.chinasspp.com/55849.html

图2-21（左）搜狐——如果BMW宝马没有了“双肾”，你还认得出它来吗？

https://www.sohu.com/a/161167061_377241

图2-21（右）百度——BMW霍夫迈斯特拐角颜值大比拼，你最喜欢哪个车型？

https://baijiahao.baidu.com/s?id=1662669762104665030&wfr=spider&for=pc

图3-2　赵丹华，赵江洪．汽车造型特征与特征线［J］．包装工程，2007，28（3）：15-117.

图3-3（左）汽车之家——保时捷 Cayenne Turbo Coupé 2019款

https://pano.autohome.com.cn/car/ext/38372?pagesrc=pic_pc#pvareaid=2042312

图3-3（右）汽车之家——奥迪Q5L 2020款

https://pano.autohome.com.cn/car/ext/43099?pagesrc=pic_pc#pvareaid=2042312

图3-4 太平洋电脑网——Aston Martin V12 Vantage S 2013版

http://www.v3wall.com/html/pic_down/2560_1600/pic_down_91589_2560_1600.html

http://www.v3wall.com/html/pic_down/2560_1600/pic_down_91587_2560_1600.html

http://www.v3wall.com/html/pic_down/2560_1600/pic_down_91589_2560_1600.html

图4-18 汽车之家——别克 昂科拉 2020款

https://car.autohome.com.cn/photo/series/38793/1/4925510.html#pvareaid=2042264

https://car.autohome.com.cn/photo/series/38793/1/4925506.html

图4-26（左）汽车之家——别克 昂科拉 2020款

https://pano.autohome.com.cn/car/ext/38793?pagesrc=pic_pc#pvareaid=2042312

图4-26（右）汽车之家——别克 君威 2019款

https://pano.autohome.com.cn/car/ext/37987?pagesrc=pic_pc#pvareaid=2042312

图4-30（上）汽车之家——路虎 揽胜 2019款

https://pano.autohome.com.cn/car/ext/36874?pagesrc=pic_pc#pvareaid=2042312

图4-30（下）汽车之家——丰田 汉兰达 2018款

https://pano.autohome.com.cn/car/ext/33662?pagesrc=pic_pc#pvareaid=2042312

图5-27（左）网易汽车——斯巴鲁XV 2012款（正45°）

http://auto.365jia.cn/database/photo/302435

图5-27（右上）网易汽车——斯巴鲁XV 2012款（正侧）

http://auto.163.com/photoview/4TD90008/158982.html#p=93J1E91A4TD90008

图5-27（右上）网易汽车——斯巴鲁XV 2012款（后45°）

http://auto.365jia.cn/database/photo/302440

图5-30　汽车时代网——东风风行景逸X5超越期望超越自我

https://m.autotimes.com.cn/news/201801/news-2083565.html

致谢

能够顺利完成此书的撰写，要衷心感谢我的恩师赵江洪先生。在本研究撰写过程中，从选题、试验设计及实施，到具体的内容撰写与修改，每一个环节中无不凝聚着先生的汗水和心血。先生“先做人，再做设计”的设计思想，“复杂问题简单化，简单问题精确化”的学术研究态度，以及“理论研究与实践思考相结合”的培养模式，已深深印入我的心里，成为我生活和做人的理念。本书撰写完成之际，谨向先生表达自己由衷的谢意，先生的谆谆教诲和悉心关怀，学生将永远铭记在心。

同样，自己的研究成果能够以专著方式出版发行，得到了国家重点研发计划“轨道交通列车检修环境及界面友好性评价及设计研究（项目编号：2017YFB1201103-10）”，“轨道交通列车空间及界面系统优化设计与综合评价技术研究（项目编号：2017YFB1201103-9）”“列车-线路-人文多要素耦合理论与设计方法研究（项目编号：2017YFB1201103-11）”“轨道交通列车车内视觉环境评价与优化设计研究（项目编号：2017YFB1201103-12）”，以及西南交通大学建筑与设计学院学术出版计划，和西南交通大学研究生实验课程建设与改革项目“轨道交通景观遗产与公共艺术设计实验课程建设与改革”的支持。此外，学院院长沈中伟教授，副院长支锦亦教授，以及向泽锐等同事，也对本书的完善与修订提出了许多宝贵意见，在此一并表示感谢。

李然

2019年于四川成都犀浦